HAZAN

Provence

francepatrimoine

Text von Rémi Venture

DRÔME

Nyons

Vaison-la-Romaine

Mont Ventoux

Orange

GARD

VAUCLUSE

Das Land der Päpste p. 9

Plateau de Vaucl

Rhône

Avignon

L'Isle-sur-la-Sorgue

Sénanque

**Das Land
des Luber
p. 57**

Montagne du Luberon

Saint-Rémy-
de-Provence

Gordes

Silvacane

Les Baux-de-Provence

Lourmarin

Du

Arles

Das Land von Arles p. 31

BOUCHES-
DU-RHÔNE

Aigues-Mortes

Camargue

Aix-en-Provel

Saintes-Maries-
de-la-mer

Mittelmeer

Martigues

Marseille

Das Land von Pagnol p. 10

Les Calanqu

ALPES-DE-
HAUTE-
PROVENCE

Sisteron

*Montagne
de Lure*

Das Land von Giono p. 75

Les Mées

Forcalquier

Moustiers-Sainte-Marie

Manosque

Valensole

Lac de Sainte-Croix

nsouis

Le Verdon

Montagne Sainte-Victoire

**Das Land
von Aix
p. 92**

VAR

Aubagne

Montagne Sainte-Baume

Cassis

Inhalt

Die verschiedenen Länder

Farben und Düfte

Vorwort

Die Provence nimmt unter allen Regionen Frankreichs einen ganz besonderen Platz ein. Sie hat ein mildes Klima, eine bezaubernde Landschaft und eine unberührte Natur; ihre Geschichte reicht weit in die Vergangenheit zurück und ihre Spuren sind in den zahlreichen Bauwerken und Monumenten noch heute überall deutlich sichtbar. Aber der Hauptwesenszug, der die Persönlichkeit der Provence ausmacht, ist ihr Wissen um eine besondere Lebensart, die man nirgendwo sonst findet. Die Bewohner der Provence sind stolz auf ihre Region und halten die Traditionen wie weihnachtliche Krippenfiguren und lokale Feste, besondere Sportarten und Traditionen wie den Stierkampf, Lanzenstechen oder das Petanquespiel hoch...

Dieses Lokalkolorit ist erstaunlich und geradezu paradoxal. Denn wie kann man sich typisch Provenzalisch fühlen, wenn doch die Region im Laufe der Geschichte vor allem ein Verbindungsweg war und sich als ein Mischmasch aus unzähligen Völkern und Zivilisationen erwiesen hat?... Wie kann man an einem Durchgangsort zwischen Nord und Süd eine derart starke Identität aufbauen?... Hier liegt die aussergewöhnliche Stärke der Provence, sie kann annehmen und sich anpasssen. Alles, was heute als typisch provenzalisch gilt, ist eines Tages von weit her gekommen, wurde aber schnell und gründlich assimiliert un provenzialisiert. Aus diesem Grunde ist die Identität der Provence so rebellisch, stolz und doch immer offen für Neues.

Den Reisenden bezaubert die Provence durch abwechslungsreiche Landschaften und ein welbekanntes Kulturerbe. Die Einwohner sind stolz auf ihre Provence und zeigen das auch ohne Komplexe, sie sind alle einer Meinung mit Frédéric Mistral, der schon vor einem Jahrhundert folgendes schrieb:

« Zwischen dem Meer,
der Rhône und der Durance,
Gott weiss wie schön da das Leben ist ... »

Das Land der

Päpste

Das Land der Päpste

Avignon
Isle-sur-la-Sorgue
Fontaine-de-Vaucluse
Carpentras
Nyons
Vaison-la-Romaine
Orange

Über die bukolische Landschaft
des Departements Vaucluse wacht
der Ventoux, auch «Olymp»
der Provence genannt (links).
Auf dem Gipfel des Ventoux
kann es im Winter bis zu –26° C
kalt werden und der rauhe Wind
erreicht Geschwindigkeiten
von 230 km/h (rechts).

Wenn der Besucher das Rhônetal entlang Richtung Süden fährt, so ist das Erste, was er von der Provence zu sehen bekommt, das sogenannte Land der Päpste, über dem majestätisch der 1 909 Meter hohe Berg Ventoux steht. Verwaltungstechnisch gehört diese Gegend zum Departement Vaucluse, sie beginnt aber schon in der benachbarten Drôme; die Stadt Nyons zum Beispiel war immer schon mehr der Provence als dem Dauphiné zugehörig. Der historische Grund hierfür liegt in der Aufteilung der ursprünglichen Grafschaft zwischen den Grafen von Barzelona und dem von Toulouse im Jahre 1125. Letzterer erhielt die Grafschaft Venedig, Venaissin genannt, deren Hauptstadt damals Vénasque war. Schon nach kurzer Zeit wurde Carpentras die neue Hauptstadt. Nach dem Albigenser-Kreuzzug überliess der König von Frankreich im Jahre 1247 das Comtat Venaissin dem Papst, der sich von 1309 bis 1376 hier niederliess. Avignon gehörte anfänglich ebenfalls zur Provence und fiel 1348 an die Päpste. Nach der Rückkehr der Päpste nach Italien wurden die nunmehr in der Provence existierenden Pontifikalstaaten von einem Legaten und später von einem italienischen Vize-Legaten geführt. Die Bevölkerung war von dieser Bevormundung nicht begeistert und blieb weiterhin Frankreich sehr

verbunden, die den Einwohnern der Pontifikalstaaten dieselben Rechte einräumte wie den französischen Untertanen. Die päpstliche Enklave wurde im Jahre 1791 von ihrem mächtigen Nachbarn annektiert und mit dem Fürstentum Orange und einigen anderen benachbarten Gebieten - Orange, Montdragon, Sault und das Land um Apt - zum Departement Vaucluse zusammengeschlossen. Das Land der Päpste ist ein Gebiet, in dem viel Landwirtschaft betrieben wird und das berühmt ist für sein Gemüse, sein Öl und seine Weine. Die reiche und bewegte Vergangenheit dieser Region hat viele Spuren hinterlassen und sie ins geschichtliche Bewusstsein gerückt.

Avignon

Avignon ist eine sehr alte Siedlungsstätte keltisch-ligurischen Ursprungs, die von der römischen Besatzungsmacht stark latinisiert wurde. Die mittelalterliche Stadt war schon 1129 ein autonomes Konsulat und im XIV. Jahrhundert wurde über ihr weiteres Schicksal entschieden. Die Päpste hielten sich im benachbarten Comtat auf und richteten sich nach und nach in Avignon häuslich ein. Letztendlich verkaufte ihnen die Provence die Stadt. Aus diesem Grunde war Avignon fast ein Viertel Jahrhundert lang die

11

Hauptstadt der Christenheit und überflügelt ihre Rivalin Arles, da nun alle Verbindungswege über Avignon liefen. Viele der zu dieser Zeit erbauten Monumente stehen noch heute. Die Einwohner von Avignon und der Provence empfanden diese Zeit als ein goldenes Zeitalter, das von zahllosen Schriftstellern und Poeten beschrieben und gerühmt wurde. Die reichen Aristokraten liessen sich prächtige Stadtpalais erbauen. Im Laufe der Französischen Revolution vereinte sich Avignon mit Frankreich und wurde zur Hauptstadt des neuen Departement Vaucluse. In Avignon nahm

die literarische Bewegung der Wiedergeburt der provenzalischen Literatur ihren Anfang, als 1854 junge Leute aus Avignon unter der Führung von Frédéric Mistral die Bewegung Félibrige ins Leben riefen, die sich dem Schutz und der Lebendigerhaltung der provenzalischen Sprache und Kultur verschrieb. Seit 1947 findet das berühmte Festival von Avignon statt, dessen Mittelpunkt das Palais der Päpste bildet. Liebhaber von Kultur und Theater aus aller Welt geben sich zum Festival ein Stelldichein. Die Stadt ist stolz auf ihr reiches Erbe und auf den Titel « Europäische Kulturstadt », der ihr

Das Land der Päpste

Avignon
Isle–sur–la–Sorgue
Fontaine–de–Vaucluse
Carpentras
Nyons
Vaison–la–Romaine
Orange

Die Brücke von Avignon und das Palais des Papes
sind die bekanntesten Monumente von Avignon (links).
Das Palais ist gleichzeitig auch eine Festung,
ein wunderschönes Beispiel gotischer Architektur (oben).

im Jahr 2000 verliehen wurde. Die ehemalige Stadt der Päpste beansprucht für sich, eine der kulturell und intellektuell führenden Städte Europas zu sein.

Die mittelalterlichen Stadtmauern beschützen wie in alten Zeiten die Monumente und Stätten der Vergangenheit wie zum Beispiel das Viertel Banasterie oder die Rue des Teinturiers mit ihren von Platanen beschatteten Mühlsteinen am Ufer der Sorgues.

Das prächtige Palais der Päpste steht immer noch hoch über der Stadt und seine Mauern und Türme aus goldbraunem Stein sind von weither zu sehen. Es wurde von 1335 bis 1366 an Stelle des ursprünglichen Bischofssitzes erbaut. Bei diesem Bauwerk handelt es sich um das am besten erhaltene und grösste Schloss aus dem Mittelalter. Bis zur Französischen Revolution diente es als offizielle Residenz des Papstes und seiner Stellvertreter. Es wäre in den Wirren der Revolution beinahe zerstört worden, wurde dann aber zur Kaserne umfunktioniert. Durch diese neue Bestimmung wurden dem Bauwerk zwar einige Schäden zugefügt, es blieb aber immerhin vollständig erhalten. Seit mehreren Jahren werden ständige

Das Land der Päpste

Avignon
Isle-sur-la-Sorgue
Fontaine-de-Vaucluse
Carpentras
Nyons
Vaison-la-Romaine
Orange

Das Grand Tinel oder Salle des Festins liegt in der ersten Etage des Palais-Vieux. Es ist mit Gobelin-Wandteppichen geschmückt (rechts). Das Studium des Papstes Benoit XII. besitzt heute noch seine ursprünglichen Fliesen (unten) **und diesen gotischen Sessel** (oben).

Renovierungsarbeiten vorgenommen. Im Palais der Päpste sind historische Sammlungen über die Anwesenheit der Päpste in der Provence und in Avignon selbst untergebracht. Die ehemaligen päpstlichen Gemächer sind mit prächtigen Wanddekorationen und Fliesen aus gebranntem und glasiertem Ton ausgestattet, die einen Hauch des Luxus jener Zeit vermitteln. Die Kathedrale Notre-Dame-des-Doms befindet sich direkt neben dem Palais. Es handelt sich um eine römische Kirche, die im Lauf der Zeit immer wieder umgebaut wurde. Sie verfügt über einen reichhaltigen Schatz an religiösen Objekten.

Der benachbarte ehemalige Sitz des Erzbischofs, auch Petit Palais genannt, ist ein eleganter Bau aus dem XIV. Jahrhundert, der vom zukünftigen Papst Julius II. zur Residenz umgebaut wurde. Seit 1976 ist in diesem Bauwerk die Sammlung Campana untergebracht, die etwa 300 italienische Kunstwerke sowie mittelalterli-

che Skulpturen aus der Stadt umfasst. Die berühmte Brücke Saint-Bénézet über die Rhône wurde im XIII. Jahrhundert erbaut. Ein Hochwasser zerstörte sie ein erstes Mal im Jahre 1226. Beim Wiederaufbau wurde die fast 920 Meter lange Brücke dann mit 22 Bögen versehen. Im XVII. Jahrhundert wurde sie endgültig zerstört. Die Erinnerung an dieses prächtige Bauwerk lebt in dem berühmten Lied « Sur le Pont d'Avignon » fort. Seine Reste sowie das befestigte Zugangsstor wurden am Ende des XIX. Jahrhunderts restauriert. Das Museum Calvet liegt in der ehemaligen Stadtresidenz der Familie Villeneuve-Martignan. Es beherbergt verschiedene Sammlungen, die von griechisch-römischer und ägyptischer Archäologie bis hin zur Malerei reichen - beispielsweise das bekannte Meisterwerk Davids « La Mort de Marat » bewundern, aber auch zahlreiche Werke von Meistern aus der Provence. Die Museen Louis-Vouland und Anglandon wurden mit Werken aus dem Vermächtnis dieser zwei grossen Sammler bestückt. Im erstgenannten Museum gibt es zahlreiche Beispiele dekorativer Kunst aus der Provence und ganz Frankreich zu sehen. Im Museum Anglandon hängen bekannte Meisterstücke und das 1888 in Arles gemalte Bild « Wagons de Chemin de Fer » von Van Gogh.

Das Land der Päpste

Avignon
Isle-sur-la-Sorgue
Fontaine-de-Vaucluse
Carpentras
Nyons
Vaison-la-Romaine
Orange

Das Venedig des Comtat genannte Dorf Isle-sur-la-Sorgue verfügt über zahlreiche Brunnen (rechts). An jedem Wochenende und an zweimal jährlich stattfindenden Markttagen (an Ostern und Himmelfahrt) werden in Isle-sur-la-Sorgue Antiquitäten und Trödel verkauft (oben).

L'Isle-sur-la-Sorgue

Dieses Städtchen trägt wie auch Martigues den Beinamen « Venedig der Provence ». In beiden Orten fliessen zahlreiche sogenannte Sorgues, kleine Flüsse, die aus den Wassern der Vaucluse-Quelle gespeist werden. Man nimmt an, dass sich die ersten Einwohner gerade aus diesem Grunde hier angesiedelt haben. Der feuchte und von Inseln übersäte Standplatz konnte ausgezeichnet gegen etwaige Angreifer verteidigt werden und war für Landwirtschaft und Fischfang geradezu ideal geeignet. Als L'Isle-sur-la-Sorgue von den Grafen von Toulouse an die Päpste abgetreten wurde, siedelte sich hier eine der jüdischen Gemeinden des Comtat an, eine sogenannte « Heilige Gemeinde ». In den provenzalischen Staaten der Päpste gab es derer bis zur Französischen Revolution insgesamt vier. Der bekannte Poet René Char ist der berühmteste Sohn von L'Isle-sur-la-Sorgue. Die Stadt verfügt über hervorragend für die Landwirtschaft geeignete Böden und ist ausserdem auf Antiquitätenhandel spezialisiert. Das alte Zentrum von Isle ist ausgesprochen romantisch mit seinen grünen, kristallklaren Sorgues und moosbewachsenen Mühlrädern. Letztere wurden in alten Zeiten zur Stoff- und Papierherstellung eingesetzt. Mitten im Gewirr der alten Strässchen im Stadtzentrum liegt Notre-Dame-des-Anges, eine Stiftskirche, an der vom XII. bis zum XVII. Jahrhundert gebaut wurde und die schliesslich sehr barock ausgefallen ist. In dieser Kirche kann man zahlreiche Werke provenzalischer Meister wie Mignard und Parrocel bewundern.

Fontaine-de-Vaucluse

Der provenzalische Ausdruck «vau cluso » bedeutet « abgeschlossenes Tal ». Der aussergewöhnliche Standort hat sowohl dem Dorf, das dort erbaut wurde, als auch dem ganzen Departement Vaucluse seinen Namen gegeben. Die Quelle der Sorgue befindet sich hier, in einer mysteriösen Felsspalte, die manchmal gar kein Wasser führt und manchmal überströmt von frischem Quellwasser, dessen Herkunft lange Zeit ein Rätsel war. Ab dem XVI. Jahrhundert wurden an diesem Wasserlauf Papiermühlen angesiedelt. Bis zum Aufkommen des Tourismus war diese Aktivität die Haupteinnahmequelle in der Gegend. Fontaine-de-Vaucluse wurde von dem Poeten François Pétrarque gefeiert, der hier eine mysteriöse Dame namens Laure anbetete. Über dem Dorf erhebt sich die Ruine des Alten Schlosses, die die zahllosen Geschäfte bewacht. Die altehrwürdige Kirche Saint-Véran wurde im Lauf der Jahrhunderte ständig umgebaut. Sie soll an ein Wunder erinnern, das der Bischof Véran an diesem Ort vollbracht haben soll: er hat der Legende nach einen Drachen verjagt, der in der Felsspalte der Sorgue sein Unwesen trieb. Der Spazierweg an der Quelle des Flusses und am Flussbett entlang ist wunderschön, besonders dann, wenn die Quelle Wasser führt. In diesem Ort ist der Tourismus König und es gibt viele der Öffentlichkeit zugänglichen Sehenswürdigkeiten: das Museum-Bibliothek François-Pétrarque, das dem Widerstand gewidmete Museum Appel de la Liberté, das Speleologiemuseum Monde Souterrain (Unterirdische Welt) von Norbert Casteret, die Mühle Vallis-Clausa, in der noch heute Papier wie in vergangenen Zeiten hergestellt und verkauft wird; es gibt sogar ein ziemlich merkwürdiges Museum der Bestrafungen...

Carpentras

Carpentras liegt an einer jahrhundertealten Strasse zwischen dem Rhônetal und dem Berg Ventoux. Bis zur Französischen Revolution war Carpentras die Hauptstadt des Comtat Venaissin. Seit dem XIX. Jahrhundert, dem Zeitpunkt, an dem die Gegend bewässert wurde, ist Carpentras das Zentrum der Landwirtschaft der gesamten Ebene des Comtat. Der Ende November stattfindende Markt von Saint-Siffrein war früher ein wichtiger Faktor des lokalen Wirtschaftslebens. Kosten Sie die berühmten, nach traditionellem Rezept hergestellten Berlingots und eingelegten Früchte. Das auffallendste Bauwerk in dieser Stadt ist das Hôtel-Dieu aus dem XVIII. Jahrhundert, ein wundervolles Bauwerk mit einer klassischen

Das Land der Päpste

Avignon
Isle–sur–la–Sorgue
Fontaine–de–Vaucluse
Carpentras
Nyons
Vaison–la–Romaine
Orange

Die Sorgue entspringt an der Quelle der Vaucluse, einer Felsspalte am Fusse einer Klippe. Man kann durch das kalte und transparente Wasser bis auf den Grund sehen (unten).

seinen Wiederaufbau vorantrieb. Es ist prächtig ausgestattet und in seiner Kapelle werden die Reliquien des Heiligen Mors aufbewahrt. Die Reliquienkassette wurde für den Kaiser Konstantin I. geschmiedet und es heisst, sie enthalte Nägel aus dem Kreuz Christi. An der linken Seite der Kathedrale befindet sich eine prächtige Tür, die Hebräische Tür genannt. Sie war Juden vorbehalten, die zum christlichen Glauben übertreten wollten und am Tag ihrer Taufe durch diese Tür in die Kirche eintraten. Sie ist mit einer eigenartigen Skulptur namens Rattenkugel verziert.

Bis zur Französischen Revolution war in Carpentras eine der grossen Jüdischen Gemeinden ansässig, die unter dem Schutz der Päpste stand. Die drei anderen Gemeinden befanden sich in Avignon, Cavaillon und L'Isle-sur-la-Sorgue. Heutzutage gibt es hier keine Jüdischen Gemeinden mehr, damals aber sprachen die Juden des Comtats eine eigene Sprache, das Judeo-Provenzalisch und hatten eigene Sitten und Gebräuche. Die im XVI. Jahrhundert erbaute und im XVIII. Jahrhundert stark umgebaute Synagoge ist die älteste und am besten erhaltene in ganz Frankreich. Sie ist ein eigentümliches, für das XVIII. Jahrhundert typisches Bauwerk mit zahlreichen Holzverzierungen und Lüstern. Seit der Ansiedlung sefaradischer Juden aus den Ländern des Maghreb in Frankreich wird die Synagoge wieder zu religiösen Zwecken genutzt.

Der im I. Jahrhundert erbaute Triumphbogen ist mit Darstellungen angeketteter Gefangener versehen. Das Monument diente der ursprünglichen Kathedrale als Eingangstor, wurde aber im XVII. Jahrhundert entfernt.

In den Museen Comtadin und Duplessis sind Kunstsammlungen, volkstümliche Kunst sowie Bilder ausgestellt. Sie arbeiten zusammen mit der reich ausgestatteten, im XVIII. Jahrhundert von einem Bischof von Carpentras gegründeten Bibliothek Inguimbertine. Im Museum Soubirats ist die Inneneinrichtung reicher Häuser des Comtats ausgestellt.

Fassade. Besuchen Sie die Apotheke, in der sich seit dem XVIII. Jahrhundert nichts mehr verändert hat. Fayencetöpfe aus Moustiers stehen sauber aufgereiht in wunderschönen Holzregalen.

Die Kathedrale Saint-Siffrein steht an einem Ort, der seit der Antike der Gottesanbetung geweiht ist. Der grösste Teil des Bauwerks stammt aus dem XVI. Jahrhundert, als der Papst Benoît XII.

Die Stadt Nyons im Departement Drôme ist die Hauptstadt
der Olivenbäume und des Olivenöls (rechts).
Dem Olivenöl aus Nyons wurde die erste kontrollierte
Herkunftsbezeichnung AOC verliehen (oben).

Nyons

Dieses Städtchen liegt an der Grenze zwischen der Provence
und dem Dauphiné. Theoretisch gehört sie zu letzterem
Departement, aber die Bewohner betrachten sich eher als
Provenzalen. Die Ansiedlung geht auf die Ureinwohner Voconces
zurück. Die Altstadt ist heute noch von den alten, von vier Pforten
durchbrochenen Stadtmauern umgeben. Mit dem langsamen
Anwachsen der Bevölkerung des Dorfes entstanden drei verschiedene Viertel namens Les Forts, Les Halles und Les Bourgs.
Nyons ist ein beliebter Touristenort, kann aber auch mit ausge-
zeichneten landwirtschaftlichen Produkten aufwarten. Das hiesige
Öl und die hier angebauten Oliven waren die ersten Produkte,
denen eine kontrollierte Herkunftsbezeichnung zugestanden wurde.
Das historische Zentrum, genauer gesagt, das Viertel Les Forts, hat
seinen mittelalterlichen Charakter beibehalten. Der Turm Randonne
ist ein mittelalterliches militärisches Gebäude und wurde 1862 in
eine Kapelle umgebaut. Der Place des Arcades, auch Les Halles
genannt, kann mit prächtigen alten Türen aufwarten. Das Rathaus,

der Justizpalast und das Theater sind heutzutage im ehemaligen
Kloster Saint-Césaire untergebracht. Vom ehemaligen Schloss sind
nur noch drei mittelalterliche Türme übrig. Die Kirche Saint-Vincent
wurde im XVI. Jahrhundert erbaut und im XVII. baulich verändert.
Sie besitzt zahlreiche Bilder. Den Fluss Eygues - vom provenzalischen
aigo, Wasser - überspannt eine « romanische » Brücke aus dem XIV.
Jahrhundert. Im Museum des Olivenbaums kann man die Geschichte
dieses mythischen Baums durch die Jahrhunderte mitverfolgen. Mit
Hilfe von Dokumenten und Objekten wird dem Besucher der Anbau,
die Gewinnung und die Verwendung von Olivenöl nahegebracht.
Es gibt auch ein Geschichts- und Archäologiemuseum mit
Fundstücken aus dem Mittelalter, aus der Umgebung von Nyons.

Vaison-la-Romaine

Das antike Vasio war die Hauptstadt des keltisch-ligurischen Volkes Voconces. Es wurde im I. Jahrhundert vor unserer Zeitrechnung von den Römern erobert. Letztere richteten hier eine reiche Siedlung ein, die sich auf etwa 75 Hektar Fläche ausbreitete. Einige Zeit später wurde die antike Stadt nach und nach aufgegeben und die Einwohner siedelten sich in einer befestigten Ansiedlung auf dem benachbarten Hügel an, die bis Ende des XIX. Jahrhunderts das einzige städtische Zentrum blieb. Die Inbetriebnahme der Eisenbahnlinie und die Entwicklung der Landwirtschaft gaben der Weiterentwicklung der Ebene neue Impulse. Beim Betrachten der weitläufigen archäologischen Fundstätten der Römerstadt wird man unwillkürlich an Pompei erinnert. Der Umstand, dass die Einwohner die Stadt verlassen haben, erleichtert die archäologischen Grabungen und erklärt auch die aussergewöhnlich guten Erhaltungsgrad der Fundstücke. Bei den im Jahre 1907 begonnenen Ausgrabungen wurde bis heute erst ein Fünftel der antiken Stadt freigelegt. Mitten in der heutigen Stadt kann man die Thermen, das Tor von Pompee und die Geschäftsviertel besichtigen. Das Haus der Messii verfügt über einen weitläufigen Empfangssalon, private Badezimmer und einen Garten. Das antike Theater wurde 1935 restauriert und wird heute wieder für Aufführungen in Anspruch genommen. Ausserdem sehenswert sind auch die Pfauenvilla und das Haus der Silberbüste, das Delphinhaus und das Gerichtshaus, die alle gut erhalten sind.

Im 1974 eröffneten Museum Théo-Desplans sind die bei den Ausgrabungen gefundenen archäologischen Fundstücke ausgestellt. Die römische Brücke ist heute noch in Gebrauch und erlaubt die Überquerung der Ouvèze, die den mittelalterlichen Stadtteil von der modernen Stadt trennt. An dem Ort, an dem sich heute die Kathedrale Notre-Dame-de-Nazareth befindet, an der vom XVI. bis zum XIII. Jahrhundert gebaut wurde, befand sich schon vorher ein religiöses Bauwerk. In seiner romanischen Architektur spiegelt sich der Einfluss der Antike deutlich wider. Im XVI. Jahrhundert wurde in der Oberstadt eine neue Kirche erbaut und die alte Kathedrale verlassen, darum ist sie so wunderbar gut erhalten. Das

benachbarte Kloster wurde im XIX. Jahrhundert restauriert. Die Oberstadt hat im Gegensatz zu der antiken Stadt einen stark mittelalterlichen Charakter behalten. Man betritt die Oberstadt durch ein Tor mit einem Wachturm aus dem XVI. Jahrhundert. In den kleinen gewundenen Strässchen befinden sich Stadtvillen, die mittelalterliche Kathedrale und die Ruinen des Schlosses.

Orange

Das ehemalige Fürstentum Orange ist eine Enklave im Comtat Venaissin. Im Jahre 35 vor unserer Zeitrechnung wurde die römische Siedlung Aurasio am Standort einer keltisch-ligurischen

Das Land der Päpste

Avignon
Isle-sur-la-Sorgue
Fontaine-de-Vaucluse
Carpentras
Nyons
Vaison-la-Romaine
Orange

Die mittelalterliche Stadt Vaison-la-Romaine mit ihrer Festung liegt hoch über der Ouvèze auf einem Felsvorsprung (rechts). Der Triumphbogen von Orange wurde im Jahre 26-27 unserer Zeitrechnung dem Kaiser Tiberius geweiht (oben).

Das antike Theater befindet sich am Hügel von Saint-Eutrope, in dessen unmittelbarer Nachbarschaft sich damals das Prinzenschloss befand. Es handelt sich hier um eines der am besten erhaltenen römischen Theater auf der Welt. Das Bauwerk wurde zu einem Garnisonsgebäude umfunktioniert und war durch den Hügel und die Bühnenmauer doppelt geschützt. Diese 37 Meter hohe Bühnenmauer wurde von Ludwig XIV. als «die schönste Mauer des ganzen Königreichs» bezeichnet. Das antike Theater wurde ab dem XIX. Jahrhundert restauriert und wird heute als Freiluftbühne für die Opernaufführungen genutzt, die jeden Sommer bei den berühmten Chorégies stattfinden.

Siedlung gegründet. Es wurden zahlreiche Monumente erbaut, von denen heute noch das berühmte antike Theater und der Triumphbogen stehen. Das frühchristliche Bistum entwickelte sich zu einem kleinen Staat, der bis zur Amtsübernahme von Ludwig XIV. unabhängig blieb. Ebendieser Ludwig XIV. nahm den Staat seinem letzten Herrscher, dem Prinzen Wilhelm III. von Orange-Nassau ab, weil der König dieses Fürstentum, eine protestantische Bastion im Besitz eines Frankreich feindlich gesinnten Kalvinisten, nicht mehr länger dulden wollte. Er machte Orange kurzerhand zu einer Garnisonsstadt. Heute ist Orange auf der ganzen Welt für ihr Lyrik-Festival Chorégies berühmt.

Der im Norden ausserhalb der Stadt gelegene prachtvolle Triumphbogen soll gegen 20 nach Jesus Christus zur Feier der Gründung der römischen Kolonie errichtet worden sein. Er ist mit Kriegsszenen und Trophäen geschmückt. Im Mittelalter wurde der Triumphbogen zu einem Verteidigungsturm umfunktioniert, was erklärt, dass er bis in die heutige Zeit erhalten geblieben ist. Das archäologische Museum befindet sich seit 1933 in einer Stadtvilla gegenüber dem Theater. In ihm sind ein grosser Teil der bei den Ausgrabungen in und um Orange geborgenen Funde ausgestellt. Besonders sehenswert ist der kostbare antike Kataster aus dem I. Jahrhundert.

Der Olivenbaum

Von

der Olive zum Olivenöl

Olivenbäume sind eng mit der Mittelmeerzivilisation und der Provence verbunden. Die Frucht dieses Baumes kann grün oder reif geerntet werden. Die geernteten Oliven werden dann je nach dem als « grüne » oder « schwarze » Oliven bezeichnet und zur Herstellung von Öl oder Süssigkeiten verwendet, auf die wir noch näher eingehen werden. Frisch vom Baum geerntete Oliven dagagen können nicht verzehrt werden, da sie ausgesprochen bitter schmecken.

Die Wildform des Olivenbaums, Oleaster genannt, war schon in der Vorzeit bekannt. Man nimmt an, dass der Olivenbaum schon sehr früh angebaut wurde. Im alten Griechenland erlangte der mythische Baum grosse Bedeutung und sein Anbau wurde von den Griechen auf den gesamten Mittelmeerbereich ausgedehnt. Es ist wahrscheinlich, dass der Olivenbaum von den Phöniziern, die sich in Marseille niederliessen, in die Provence mitgebracht wurde. Die

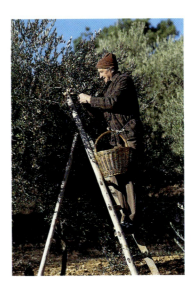

**Am Fusse der Alpilles stehen geometrisch
angelegte Olivenhaine** (links).
**Die Olivenernte findet im November und
Dezember statt** (oben).

zur damaligen Zeit machen zu können. Man kann jedoch davon ausgehen, dass der Olivenbaum in der Provence zwischen dem XVI. und dem XVIII. Jahrhundert zu einer der wichtigsten Anbaupflanzen wurde. Die Bauern schätzten den unempfindlichen und preiswerten Baum, dessen Früchte nicht nur der Ernährung dienen, sondern auch in der zwischen Marseille und Salon aufkommenden Seifenindustrie eingesetzt werden konnten.

Am Ende des XIX. Jahrhunderts begann die Produktion zurükkzugehen. Die Olivenhaine wurden von regelmässig wiederkehrenden Frösten geschädigt. Man begann, das Land zu bewässern und der grösste Vorteil des Olivenbaums, nämlich seine Bedürfnislosigkeit, kam nun immer weniger zum Tragen. Nachdem man ein Mittel gegen die Reblaus gefunden und amerikanische Rebstöcke eingeführt hatte, nahm die Bedeutung des Weinanbaus in der Gegend zu. Die neuen Verbindungswege begünstigten die Konkurrenz der aus Spanien und Nordafrika importierten Olivenöle und es wurden nun auch bis dahin wenig oder gar nicht verzehrte Fette wie zum Beispiel Butter verwendet.

Archäologen fanden die Spuren von zehn Ölpressen aus dem I. Jahrhundert. In der Umgebung von Aix, Arles, Salon, dem Weiher von Berre, Marseille, im Hochtal von Arc und in der Geged von Toulon wurde damals schon Olivenöl gepresst. Die lokale Olivenölproduktion war aber wohl nicht sehr ergiebig, da auch aus Spanien Öl importiert wurde. Die Quellen aus dem Mittelalter sind zu dürftig, um sich ein genaues Bild über den Platz des Olivenbaums

Traditionelle Ölmühle in Nyons (rechts).
Die Ölpresser haben sich für Qualität entschieden (oben).

Heutzutage kann man ein Phänomen der Wiedergeburt des Olivenanbaus beobachten. Die Lebensweise der südlichen Länder und der Provence ist in Mode gekommen und man weiss heute, dass Olivenöl äusserst gesund ist - die Nachfrage ist aus diesen Gründen enorm angestiegen.

In den meisten Ländern des Mittelmeerraums wird intensiver Anbau betrieben, die Bauern der Provence dagegen achten vor allem auf die Qualität ihrer Produkte. Schon 1968 wurde den Olivenbauern von Baronnies die Herkunftsbezeichnung « Olives de Nyons » zugesprochen. Im Juni 1993 verlieh das Institut National des Appellations d'Origine (Nationales Institut für Herkunftsbezeichnungen) den Oliven und Olivenölen aus Nyons eine kontrollierte Herkunftsbezeichnung. Seitdem haben auch andere Regionen wie das Tal des Baux eine derartige Bezeichnung erhalten. Zur Erlangung dieses Labels müssen genaue Kriterien erfüllt werden. Die Olivensorten, die für das Öl verwendet werden und die Begrenzung der betroffenen Anbaugebiete werden genau nachgeprüft. Aus diesem Grund werden die Olivenhaine wieder gepflegt und erneuert. Neue, moderne Ölmühlen werden gebaut, die Tradition und neue Technologien in sich vereinen.

Es gibt mehrere verschiedene Sorten von Oliven, die teilweise nur auf ganz bestimmten Anbaugebieten gedeihen. Die Tanche zum Beispiel, auch Nyons- oder Carpentrasolive genannt, wird im Nordteil der Vaucluse und im provenzalischen Teil der Drôme angebaut. Sie ist ausgezeichnet zur Herstellung von Öl und Süssigkeiten geeignet. In den Alpilles gedeihen vor allem die Sorten Salonenque und Grossane. Im Var findet man die sogenannte Belgentiéroise und in der Gegend von Nizza wächst die Sorte Cailletier. La Berruguette ist die Olivensorte, die von den Alpes-de-Haute-Provence bis ins Var und die Bouches-du-Rhône hinein gedeiht - je nach Gegend trägt sie verschiedene Namen: Aglandeau, Blanquette, Verdale... Ob schwarz oder grün, eingelegte Oliven sind immer eine Köstlichkeit. Es gibt verschiedene Rezepte, um den Früchten ihren bitteren Geschmack zu nehmen. Olives Cassées, Olives Piquées und Olives à la Picholine - als Aperitifknabberei oder als Würzbeilage in Gerichten und Saucen gibt es nichts Besseres.

Der Verbrauch schwankte, als im Krieg Lebensmittelknappheit herrschte, wurde der Olivenbaum wieder wichtig, aber ganz allgemein ging es im XX. Jahrhundert mit dem Olivenanbau langsam, aber stetig bergab und der grosse Frost von 1956 tötete fast 6 000 Bäume. Der Olivenbaum wurde zwar immer noch als Symbol der traditionellen Provence empfunden und viele Dörfer behielten noch mindestens eine Ölmühle, in der die Kleinbauern ihre persönliche Ernte pressen lassen konnten, aber die Olivenhaine wurden entweder abgesägt oder aus Kostengründen nicht mehr in Stand gehalten. Diese Entwicklung ging so rapide vonstatten, dass man sich fragen konnte, ob die Provence ihre Traditionen und den antiken Baum nicht einfach eines Tages vergessen würde.

Das Land

von Arles

Das Land von Arles

Arles
Les-Baux-de-Provence
Fontvieille
Saint-Rémy- de-Provence
Aigues-Mortes
Die Camargue

Hinter den Säulen des antiken Theraters erkennt man
den Kirchturm von Saint-Trophime (rechts).
An Ostern und beim Reisfest tragen die Einwohner
von Arles ihre Tracht (oben).

Das Land von Arles ist eine Region im Osten des Departements Bouches-du-Rhône, zwischen der Rhône und der Durance. Dieses Gebiet stand und steht heute immer noch unter dem Einfluss von Arles. Es ist das Land von Frédéric Mistral und der Hirten der Camargue, nur hier trägt man die prächtige Tracht von Arles.

Das Land von Arles ist geographisch gesehen ausserordentlich abwechslungsreich. Die kleine Bergkette der Alpilles teilt es in zwei ganz verschiedenartige Teile. Im Süden erstrecken sich weitläufige Einöden, die sumpfige Camargue und die steinige Crau, in deren Mitte Arles lange Zeit isoliert lag. Hier ist das Reich der Schafe, der weissen Pferde und der schwarzen Stiere und des berühmten

Camargue-Reis. Im Norden, bis hin zur Durance, öffnet sich dem Besucher eine reiche, landwirtschaftlich genutzte Ebene, die der des Comtat Venaissin, in der ebenfalls Gemüseanbau betrieben wird, sehr ähnelt. Die Alpilles bilden zusammen mit ihrer kleinen Schwester, der Bergagnette, das Rückgrat des Land von Arles, das für seine atemberaubende Landschaft bekannt ist, die an das Antike Griechenland oder an Palästina erinnert. Hier stehen die stolzen Ruinen von Baux, die Daudet zu seinem Werk « Lettres de mon Moulin » inspiriert haben. Die Identität des Landes von Arles ist so stark ausgeprägt und seine Geschichte so interessant, dass es ein Symbol für die gesamten Provence darstellt.

Arles

Frédéric Mistral fasste die Geschichte von Arles sehr schön zusammen: «Ja, Du warst Alles, was eine Stadt nur sein kann: die Hauptstadt eines Reiches, die Hauptstadt eines Königreiches und die Matrone der Freiheit; heute bist Du hochmütig und schaust dem Wasser zu das in Richtung Rhône fliesst.»

Das ehemalige keltisch-ligurische, stark hellenisierte Oppidum hatte gegen Marseille auf Julius Cäsar gesetzt. Diese politische Wahl erwies sich als ein Glück für die Stadt. Sie wurde zu einer römischen Kolonie mit prachtvollen Monumenten. Im IV. Jahrhundert wurde das antike Arelate zur Kaiserstadt und stand im Jahre 418 als Präfektur Galliens auf dem Gipfel ihrer Macht.

Im Mittelalter war Arles ebenfalls eine Stadt von hohem Rang. Die Bischöfe von Arles beherrschten alle Prälaten im Südosten von Gallien. Die Stadt war das Zentrum, um das herum sich die Grafschaft Provence bildete. Im Jahre 1131 wurde sie zu einem autonomen Konsulat, von Mistral in einem seiner Gedichte als die « Republik von Arles « idealisiert. Nun aber kam der Abstieg. Die Grafen kehrten Arles den Rücken und machten Aix zu ihrer Hauptstadt, und auch als religiöse Metropole konnte sich Arles nicht halten und musste Avignon ihren Rang abtreten, da nun alle Verbindungswege in diese Stadt führten. Arles lag nun isoliert mitten in einem grossen Einödgebiet, eine gefallene Stadt, in der nur noch Bauern und Seeleute wohnten. Trotzdem wurden weiterhin herrliche Monumente

Das Land von Arles

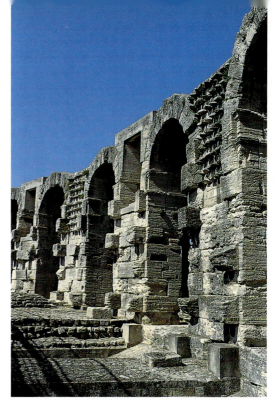

gebaut, bis zur Französischen Revolution, die der Stadt den Gnadenstoss versetzte, indem sie ihr den Rang des Erzbistums entzog. Der bewegten Geschichte von Arles ist es zu verdanken, dass ihre Zivilisation und ihr kulturelles und architektonisches Erbe unversehrt durch die Jahrhunderte gekommen sind. Zahlreiche Intellektuelle und Künstler liessen sich von dem Charme der Stadt einfangen, der bekannteste von ihnen ist Van Gogh. Arles hat eine wahre Identität und ist das Herz der historischen, von Mistral besungenen Provence. Arles ist wunderbar gelegen und spiegelt ihre bewegte Geschichte einer antiken Stadt bestens wider. Im Norden, an den Ufern des Flusses, da, wo Van Gogh gerne zum Malen herkam, ist die Stadt bewundernswert schön. Man kann von hier aus gut erkennen, dass die Stadt auf einem Hügel liegt, der die Rhône auf ihrem Weg in Richtung Meer zu einem Umweg zwingt. Das Amphitheater wurde an den Hängen erbaut und stellt eine Krone dar, die zusammen mit zahllosen Glockentürmen, die an die religiöse Vergangenheit der Stadt erinnern, über den rosa Dächern steht.

Arles und die Rhône, Blick vom Dach der Arenen (links).
**Das Cocarde-Rennen ist ein populärer Sport,
der Geschick und Schnelligkeit verlangt** (unten).
Die Galerie des Amphitheaters (oben rechts).

Das antike Theater stammt aus dem I. Jahrhundert vor Christus. Es befindet sich im höchsten Teil der Stadt und besitzt Sitzreihen, die gemauert und nicht wie in Orange einfach in den Hang gegraben sind. Diese architektonische Seltenheit hatte leider mangelnde Widerstandsfähigkeit des Monuments, das später als Steinbruch diente, zur Folge. Von den 27 Bogengewölben, die das Theater abschlossen, steht nur noch eine einzige im Süden, die früher in die Stadtmauer integriert war. Deshalb weiss man heute, wie hoch das Bauwerk war. Es umfasste 33 Sitzreihen und war für 10 000 Zuschauer angelegt. Von der Bühnenmauer sind nur noch zwei Doppelsäulen übrig. Mehrere Skulpturen, die die Bühnenmauer schmückten, befinden sich heute im archäologischen Museum. Das Theater war lange Zeit vollkommen vergessen und wurde erst im XIX. Jahrhundert endlich wieder freigelegt. Hier finden heute noch Aufführungen statt.

Das Amphitheater wurde später erbaut, im I. Jahrhundert unserer Zeitrechnung. Wegen seiner Lage am Hang musste eine Plattform in den Stein gehauen werden, um darauf das Amphitheater errichten zu können. Die Arenen von Arles übertreffen mit ihren 11 500 m2 die Arenen von Nîmes an Grösse, sind aber weniger gut erhalten als diese. Ihr Bauplan ähnelt stark dem des Römischen Koliseums. Die Fassade besteht aus zwei Reihen von 60 Bögen, die einst von einer dritten Attika-Etage

Das Land von Arles

Arles
Les-Baux-de-Provence
Fontvieille
Saint-Rémy- de-Provence
Aigues-Mortes
Die Camargue

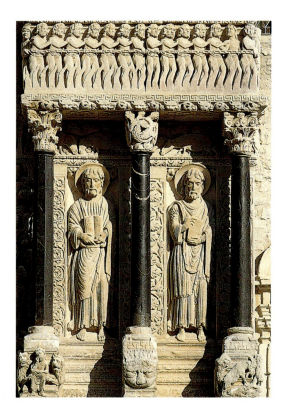

Das Kloster Saint-Trophime vereint den romanischen und den gotischen Stil (rechts).
Detail des Eingangstors von Saint-Trophime (unten).

gekrönt war. Die 34 Sitzreihen konnten 20 000 Zuschauer fassen. Im Boden der Arena waren Hilfsmittel zur Inszenierung versteckt. Im Hochmittelalter wurde dieses riesige Bauwerk zu einer Wehranlage umfunktioniert. Dazu wurden vier Wachtürme gebaut, von denen heute noch drei stehen. Ab 1826 wurden nach und nach die 212 Häuser abgetragen, die auf dem Monument erbaut worden waren. Im Jahre 1830 fand das erste Stierrennen statt, mit dem die Eroberung Algiers gefeiert wurde. Seit dieser Zeit schlägt das Herz der Tauromachie im Amphitheater der Stadt. Die Zuschauer drängeln sich, um Rennen nach Camargueart oder Korridas anzusehen. Besonders viel los ist bei der Osterferia und der Reisferia.

Vom antiken Forum sind noch zwei Säulen und ein Stück des Giebels am heutigen Place du Forum übrig sowie ein Monument im Hof des Museon Arlaten. Die eigenartigen Geheimgänge sind spektakulär. Es handelt sich um drei unterirdische Galerien, die ein Rechteck von 89 Meter Länge und 59 Meter Breite bilden. Es handelt sich um die Grundmauern des alten Forums, die unbedingt nötig waren, um die Neigung des Hügels auszugleichen. Die sogenannten Konstantinthermen waren zweifellos ein Teil eines weitläufigen Ensembles, das zwischen der Rhône und dem heutigen Place du Forum lag. Das benachbarte Hôtel d'Arlatan wurde am Standort einer Basilika erbaut, die sicherlich zum ehemaligen kaiserlichen Palast gehörte. Er trug den Namen « Palais de la Trouille », vom niederlateinischen Trullus, Apsis der Thermen und wurde nacheinander von den « Königen von Arles » und den Grafen der Provence bewohnt, bis letztere Arles verliessen und nach Aix zogen. Der Palast wurde danach mit Häusern überbaut.

Das 1995 eingeweihte archäologische Museum wurde nach Plänen des Architekten Henri Ciriani erbaut und beinhaltet die antiken Sammlungen der Stadt. Die Sammlung ist so angelegt, dass das römische Arles didaktisch günstig vorgestellt werden kann. Hier kann man eine der grössten Sammlungen frühchristlicher Sarkophage bewundern, die bedeutendste befindet sich im Lateranmuseum in Rom. Das Gebäude wurde auf dem Standort des ehemaligen römischen Zirkus errichtet, dessen ehemalige Wendekurve am Ende des Baus heute noch erkennbar ist. In diesem Zirkus fanden Pferderennen statt und man nimmt an, dass er bis ins VI. Jahrhundert in Gebrauch war.

Die Residenz des Primas Saint-Trophime war zwischen dem X. und dem XI. Jahrhundert an Stelle eines noch älteren Heiligtums gebaut worden, von dem noch einige Mauern übrig sind. Sein prächtiges Tor, vor Kurzem restauriert, ist ein Meisterstück der romanischen Kunst. Der Bau wurde zweifellos mit Materialien herausgeputzt, die von antiken Monumenten stammten. Das ursprünglich durch eine Apsis und zwei Chorkapellen abgeschlossene Gotteshaus wurde zwischen 1454 und 1465 mit einem neuen Chor und einem Wandelgang versehen. Das Kloster wurde

Das Land von Arles

Arles
Les-Baux-de-Provence
Fontvieille
Saint-Rémy- de-Provence
Aigues-Mortes
Die Camargue

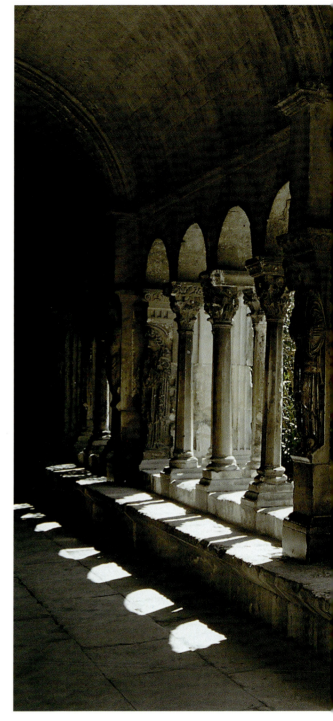

Die romanischen Nord- und Ostgalerien des Klosters.
Sie öffnen sich zum Garten hin in drei Blöcken von jeweils
vier auf Doppelkolonnen ruhenden Bögen (rechts).
Aussergewöhnlicher christlicher Sarkophag aus dem IV.
oder V. Jahrhundert (oben).

im XII. Jahrhundert erbaut und im XIV. Jahrhundert umgebaut.
Aus diesem Grund besitzt es zwei romanische Gewölbe (im Norden
und im Osten) und zwei gothische. Die umgebenden Säle wurden von den Domherren genutzt. Im XVII. Jahrhundert wurde das
Gebäude gänzlich umgebaut und dient heute der Organisation
von Ausstellungen. Die bekannteste dürfte die im Dezember und
Januar stattfindende Ausstellung von Krippenfiguren (sogenannten Santons) sein.

Das Museon Arlaten ist das Werk von Frédéric Mistral, der es
zur « Arche Noah der provenzalischen Zivilisation » machen wollte.
Es wurde 1899 eröffnet und 1909 in ein grösseres Gebäude, eine
ehemalige Schule, verlegt, da sein Gründer gerade den Literatur-
Nobelpreis gewonnen hatte. Dieses Museum ist eines der ersten
Museen für volkstümliches Brauchtum, das jemals angelegt wurde.
Das Museum Réattu ist im ehemaligen Palast der Priore des

Malteserordens untergebracht. Hier kann man eine Bildersammlung
mit zahlreichen Werken des aus Arles stammenden revolutionä-
ren französischen Malers Jacques Réattu bewundern. Auch zeit-
genössische Kunsst ist üppig vertreten, besonders bemerkenswert
sind die Werke von Picasso. Die Photosammlungen des Museums

sind die bedeutendsten ihrer Art, die in einem Museum ausserhalb von Paris untergebracht sind.

Die zwischen Arles und Fontvieille gelegene Abtei Montmajour ist die ehemalige Nekropolis der Grafen der Provence. Der mittelalterliche Teil - Abteikirche, Turm der Äbte und Kloster - ist sehr gut erhalten, der im XVIII. Jahrhundert ausgeführte Anbau dagegen wurde während der Französischen Revolution stark beschädigt. Das Bauwerk liegt an einem wunderschönen Platz zwischen Arles und den Alpilles, der früher von einem Sumpf umgeben war.

Fontvieille

Fontvieille wurde im XVIII. Jahrhundert von Steinbruchar-
beitern angelegt. Dieses kleine provenzalische Dorf verdankt seinen Ruf dem Schriftsteller Alphonse Daudet. Die Mühlen auf
dem Hügel haben den Schriftsteller zu seinem Werk « Lettres
de mon Moulin » inspiriert, das das berühmte Märchen « Le
Moulin de Maître Cornille » enthält. Das Aquäduc von Barbegal,
das das Wasser von den Alpilles bis nach Arles bringt, liegt auf
dem Gemeindegrund von Fontvieille. Seine romantischen Ruinen
inmitten der Olivenbäume rufen Erinnerungen an das Gebiet um
Rom hervor.

Les Baux-de-Provence

Dieser Felsvorsprung über der Ebene von Arles war immer
schon ein strategischer Punkt. Hier liegt der Ursprung des Ortsnamens
Baux. Später nahm eine einflussreiche adlige Familie, die sich hier
ansiedelte, seinen Namen an. Sie war verwandt mit der provenzalischen Fürstendynastie und gab an, vom König Balthasar abzu-

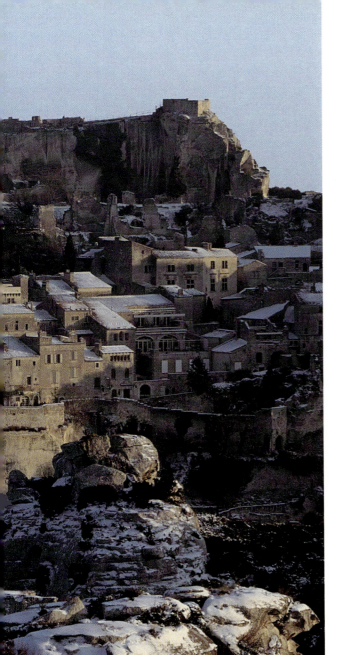

Das Land von Arles

Arles
Les–Baux–de–Provence
Fontvieille
Saint–Rémy– de–Provence
Aigues–Mortes
Die Camargue

Der stolze Fels von Baux mit seinen Renaissance-Häusern
und dem fast intakten Donjon (links).
Die Mühle von Daudet hat dem Schriftsteller nie gehört.
Es handelt sich um eine verlassene Mühle, in der 1935
ein Museum eingerichtet wurde (oben).

stammen. Nach dem Aussterben dieses turbulenten Familienzweiges wurde die Baronei von Baux der Grafschaft zugeschlagen und später dem König übertragen. Das Schloss wurde zu einer Bastion der Protestanten, was 1631 zu seiner Zerstörung führte. Im Jahre 1643 vergab der König Ludwig XVIII. Baux als Markgrafschaft an den Prinz von Monaco. Da die Bevölkerung aber das Dorf nach und nach verlassen hatte und in die Ebene gezogen war, wäre der Ort sicher verfallen, wäre er nicht durch den Tourismus gerettet worden. Heute ist es einer der bekanntesten Orte der ganzen Provence.

Noch ein interessantes Detail: der Name Bauxit ist von dem Ortsnamen Baux abgeleitet. In den Alpilles gibt es grosse Mengen von Bauxit, einem Erz, aus dem Aluminium gewonnen wird.
Das alte Dorf mit seinen schmalen Gässchen und schönen Häusern ist sehr romantisch, wenn auch von allen möglichen Geschäften überschwemmt. Von der ehemaligen Zitadelle sind nur noch grandiose Ruinen übrig, von denen aus man einen atemberaubenden Blick über die Alpilles und die Ebene hat. Auf dem grossen Plateau im Süden des Schlosses kann man Nachbildungen mittelalterlicher Kriegsmaschinen und das Denkmal des provenzalisch Poeten Charloun Rieu bewundern. Es gibt ebenfalls ein kleines Museum mit vor Ort gefundenen Schaustücken aus der Antike und dem Mittelalter.
Im Nordwesten des Dorfes liegt das Val d'Enfer, eine Schlucht mit vom Wind zerklüftetem Gestein. Es heisst, dass sich Dante von diesem Ort zu seiner Göttlichen Komödie hat inspirieren lassen. In den aufgelassenen Steinbrüchen hat Jean Cocteau seinen Film « Le Testament d'Orphée » gedreht. In der sogenannten « Kathedrale der Bilder » werden Photos ausgestellt.

Das Land von Arles

Arles
Les-Baux-de-Provence
Fontvieille
Saint-Rémy- de-Provence
Aigues-Mortes
Die Camargue

Saint-Rémy-de-Provence

Das Städtchen Saint-Rémy liegt am Nordhang der Alpilles.
Schon in der Antike befand sich hier die Stadt Glanum, eine keltisch-ligurische Siedlung bei einer heiligen Quelle, die später
hellenisiert und schliesslich von den Römern erobert wurde. Man
nimmt an, dass im Hochmittelalter die Menschen zu Fuss die Alpilles
heruntergekommen waren und sich am heutigen Standort angesiedelt hatten. Der Ort Saint-Rémy verdankt seinen Namen Remi,
dem Bischof von Reims. Die von letzterem in seiner Stadt gegründete Abtei besass hier Ländereien und es gibt sogar eine Legende,
nach der der Heilige hier ein Wunder gewirkt haben soll. Saint-
Rémy wurde im XII. Jahrhundert von den Fürsten der Provence
befestigt. 1643 wurde die Lehnschaft Saint-Rémy zusammen mit
Baux an den Prinz von Monaco abgetreten. Im XIX. Jahrhundert
erschloss sich Saint-Rémy dank neuer Bewässerungsmethoden
neue Einnahmequellen, nämlich den Anbau von Blumen und
Kardendisteln und den Verkauf von Blumensamen. Der Musiker
Charles Gounod weilte in Saint-Rémy und komponierte hier seine
Oper Mireille und berühmte Maler wie Van Gogh gaben dem Ort
die Ehre. Heute ist die Stadt ein bekannter Ferienort, der trotz des
Tourismus seine provenzalische Identität und Seele zu bewahren
wusste. Die von den alten Stadtmauern umgebene, von Platanen
beschattete Altstadt hat viel Charakter und ist ein typisches Beispiel
für die Architektur provenzalischer Orte: kleine Strässchen, Plätze
und Brunnen. Im Hôtel de Mistral de Montdragon befindet sich
das Alpilles-Museum mit örtlicher Ethnologie und im benachbarten Hotel de Sade kann man die in Glanum zutage geförder-
ten archäologischen Funde bewundern. Von der alten Kirche
Saint-Martin steht nur noch der Kirchturm aus dem XIV. Jahrhundert
und eine der Öffentlichkeit nicht zugängliche Kapelle. Das im XIX.
Jahrhundert zusammengebrochene mittelalterliche Gotteshaus
wurde durch eine beeindruckende neoklassische Kirche in Form
eines griechischen Tempels ersetzt.

Das am Fusse der Alpilles gelegene Glanum war die grösste
Ansiedlung des Volkes der Glaniques, einem keltisch-ligurischen
Volksstamm der Salyens, den Vorfahren der Provençalen. Der Ort

Die Ausgrabungsstätte Glanum mit interessanten
Überresten aus der Römerzeit (links).
Das Julius-Mausoleum, ein 18 Meter hohes Totendenkmal
zur Erinnerung an die Familie Julü, (oben).

lag an einer heiligen Quelle, zu der bis ans Ende der Antike
Pilgerfahrten unternommen wurden. Die Stadt wurde von Griechen
aus Marseille verschönert und dann von den Römern besetzt, die
hier prachtvolle Gebäude, darunter den Triumphbogen und das
Antiques genannte Mausoleum anlegten. Die archäologische
Grabungsstätte wurde schon im XVIII. Jahrhundert als solche iden-
tifiziert, die Grabungen begannen jedoch erst 1921. Die von einer
befestigten Tür geschützte heilige Quelle konnte freigelegt werden sowie das Forum mit seinen öffentlichen Gebäuden und
Tempeln, das Thermenviertel und viele Wohnhäuser, zum Beispiel
das Haus von Cybèle und das Haus von Antes.

Das alte Kloster von Saint-Paul-de-Mausole ist eine mittelalterliche Priorei, die ab 1605 Novizen empfing. Nach der Französischen
Revolution wurde das Kloster in ein Erholungsheim umgewan-
delt, das heute noch Patienten aufnimmt. Van Gogh hielt sich von
1889 bis 1890 hier auf. Das Kloster und die kleine romanische
Kirche sind ganz schlicht und doch ausgesprochen schön. Dem
Maler ist ein Spazierweg gewidmet und seine Zelle wurde sym-
bolisch rekonstruiert.

Das Land von Arles

Arles
Les-Baux-de-Provence
Fontvieille
Saint-Rémy- de-Provence
Aigues-Mortes
Die Camargue

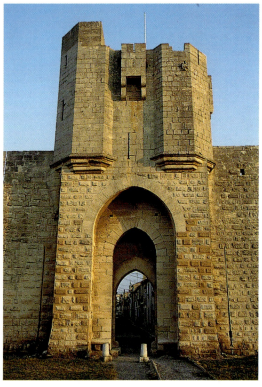

Der Constance-Turm steht über den Stadtmauern von
Aigues-Mortes. In diesem Donjon wurden Protestanten
eingekerkert (rechts).
Das Königinnentor in der Stadtmauer im Südosten
der Stadt (oben).

Aigues-Mortes

Die mittelalterliche Stadt Aigues-Mortes liegt an der Grenze
zwischen der Camargue und der Provence, am Anfang der Küste
des Languedoc. Die Stadt hat sich schon immer zu ihren Nachbarn
am anderen Ufer der Rhône hingezogen gefühlt. Dieser schon seit
der Antike bewohnte Ort trägt einen Namen, der aus dem
Provenzalischen kommt: Aigo Morto heisst totes Wasser. Die Stadt
liegt nämlich nicht direkt am Meer, sondern an einer Lagune, die
über einen Kanal mit dem Meer verbunden ist, der später Grau du
Roi genannt wurde. Die heutige Stadt wurde 1240 von Ludwig dem

Heiligen gegründet. Er wollte, dass sein Königreich einen richtigen
Hafen besitzt - die Provence war damals ein unabhängiger Staat und
Montpellier ein Lehensgut des Königs von Aragon. Um diese neue
Stadt mitten in den Sümpfen mit Einwohnern zu füllen, erliess er eine
Charta und vergab Privilegien. Ein mit Dämmen verstärkter Zugang,
der von dem befestigten Turm Carbonière verteidigt werden konnte,
schützte die Stadt. Am Donjon, Tour de Constance genannt, wurde
von 1242 bis 1254 gebaut. Ludwig der Heilige machte sich 1248 von
hier zum VII. Kreuzzug auf. 1270 brach er zum VIII. und letzten
Kreuzzug auf, von dem er nie mehr wiederkommen sollte. Der Bau

der Stadtmauern wurde nach dem Tod des Königs weitergeführt und von Philip dem Schönen zu Ende gebracht. Aigues-Mortes war ein florierender Hafen, mit dem es durch die Versandung des Grau und die Konkurrenz der nach 1481 französischen Häfen der Provence nach und nach bergab ging. Der Tour de Constance wurde zu einem Gefängnis umfunktioniert, in dem in Ungnade gefallene Prinzen, Templer und politische Gefangene wie zum Beispiel die Anhänger Bonapartes unter der Restauration weggesperrt wurden. Die bekanntesten Haftlinge jedoch waren die unter Ludwig XIV. verfolgten Protestanten. Es sei hier an Marie Durand erinnert, die fast 37 Jahre lang in dem Turm eingesperrt war. Es heisst, sie habe die Worte « Widerstand leisten » in einen heute noch sichtbaren Stein ihres Gefängnisses eingeritzt. Die Einrichtung sogenannter Marais Salants, Meerwasserbecken zur Salzgewinnung im XIX. Jahrhundert eröffnete Aigues-Mortes eine neue Erwerbsquelle. Heute zieht die Stadt zahlreiche Touristes an, die ans Meer fahren und die Monumente der Stadt besichtigen wollen. Unter anderem kann man den Tour de Constance und die Wohnstatt des Gouverneurs, die Stadtmauern sowie die im XIII. Jahrhundert erbaute und im XVIII. Jahrhundert restaurierte Kirche Notre-Dame-des-Sablons besichtigen.

Das Land von Arles

Arles
Les-Baux-de-Provence
Fontvieille
Saint–Rémy– de-Provence
Aigues-Mortes
Die Camargue

Bei schönem Wetter machen es sich die Gardians in Hütten
gemütlich, die mit sogenannten Sagnes gedeckt sind (links).
In der Camargue leben 5 000 bis 6 000 rosa Flamingos.
Sie pflanzen sich in ganz Europa nur hier fort (oben).

Die Camargue

Die Ile de la Camargue ist ein 80 000 Hektar umfassendes
Schwemmland mitten im Rhônedelta, eine eher feindliche Umwelt
mit sumpfigem Untergrund, der noch dazu versalzt und karg
ist. Der Fluss und das Meer rufen häufig Überschwemmungen
hervor, der Mistral bläst oft und die Mücken, die diese Gegend in
früheren Zeiten zu einem Malariaherd gemacht hatten, lassen dem
Besucher noch heute keine Ruhe. Nichtsdestotrotz tun die
Menschen schon seit der Antike ihr Bestes, diese schwierige Gegend
zu zähmen. Der Sumpf wurde trockengelegt und man baute
Dämme zum Schutz der Felder. Um die Felder so rentabel wie
möglich zu machen, entstanden schon sehr früh weitläufige
Latifundien, die einst alle der Stadt Arles, der Kirche und den adli-
gen Familien gehörten. Nach der Französischen Revolution wurden viele Domänen von auswärtigen reichen Familien aufgekauft.
Das Gebiet der Haute Camargue ist dem Salz und dem Meer weniger ausgesetzt als der Rest des Landstriches; aus diesem Grunde
wurde hier schon sehr früh Getreideanbau betrieben. In den ärmeren Gebieten versuchte man das zwar auch, sie lebten jedoch
hauptsächlich von der Schafzucht und, besonders im Süden,
von der Pferde- und Stierzucht. Im XIX. Jahrhundert begann man,

Das Land von Arles

Arles
Les–Baux–de–Provence
Fontvieille
Saint–Rémy– de–Provence
Aigues–Mortes
Die Camargue

Das Land von Arles

Arles
Les-Baux-de-Provence
Fontvielle
Saint-Rémy- de-Provence
Aigues-Mortes
Die Camargue

Bei der Pilgerfahrt nach Saintes-Maries-de-la-Mer ziehen die Pilger oft zu Fuss oder zu Pferd durch das Meer (rechts). Die Camargue-Stiere werden im Freien aufgezogen. Sie sind die Stars der populären Cocarde-Rennen (oben).

wegen der Reblausplage in der Camargue Wein anzubauen und es wurden die grössten Marais Salants (Meerwasserbecken zur Salzgewinnung) von ganz Europa angelegt. Nach dem Ende des Zweiten Weltkriegs begann man mit dem Anbau von Reis. Das Bild, das man sich von der Camargue machte, hat sich ab 1890 radikal geändert. Einst gefürchtet und verachtet rückte sie nun, dank der Wiedergeburt der provenzalischen Literatur, ins Bewusstsein der Öffentlichkeit. Die Gegend wurde nicht mehr wie früher als unfreundlich und verwildert angesehen, sondern als ein unberührter, wilder Landstrich, ein Hort der provenzalischen Traditionen, die von den Hirten und « Rittern » sozusagen bewacht werden. Die Camargue ist auf der ganzen Welt für die Schönheit ihrer Landschaft und den Reichtum ihrer Fauna bekannt. Sie ist der einzige noch unberührte Mittelmeer-Küstenstreifen zwischen Spanien und Italien. 1927 wurde ein Naturschutzgebiet und ein staatlicher Naturpark angelegt, um den Schutz dieser einzigartigen Region zu gewähren.

Saintes-Maries-de-la-Mer ist ein ehemaliges Fischerdörfchen. Heute ist es ein Badeort mit einer zweifelhaft schönen Architektur im « Hispano-Western-Camargue » -Stil. Die engen Strässchen sind zwar mit allen möglichen Geschäften vollgestopft, haben aber doch viel Charme und Authentizität in unser Jahrhundert herüberge-

rettet. Der Ort liegt günstig zwischen dem Meer und der Mündung der Petit-Rhône; er war schon in der Antike von Menschen bewohnt. Der Legende nach haben sich hier einige Anhänger von Jesus, die von ihren Verfolgern ins Meer geworfen worden waren, an Land gerettet. Sie seien dann in alle Richtungen aufgebrochen, die Provence zu evangilisieren. Nur die beiden Marias - Marie-Jacobé, die Schwester der Jungfrau Maria und Marie-Salomé, die Mutter der Apostel Johann und Jakob, seien weiterhin in dieser wilden Gegend geblieben, dann hier gestorben und lägen bei einer Quelle begraben, an der heute ein Gotteshaus steht. Die befestigte Kirche aus dem XII. Jahrhundert diente den Bewohnern bei Piratenangriffen als Zufluchtsstätte. Im XVI. Jahrhundert wurden im Untergrund des Bauwerks Ausgrabungen unternommen, die drei weibliche Gebeine zu Tage förderten. Man geht davon aus, dass es sich um die Überreste der beiden Heiligen und ihrer Dienerin Sara handelt. Letztere ist die Schutzpatronin der Zigeuner. Auf dem Dach der Kirche befindet sich eine Kapelle, die gleichzeitig als Donjon und als Aufbewahrungsort für die Reliquien dient. Ende Mai und Ende Oktober finden Pilgerfahrten zur Erinnerung an die beiden Heiligen Marias statt. Die Pilgerreise im Mai ist sehr bekannt, weil sie zahlreichen Zigeuner Gelegenheit bietet, ihrer Schutzpatronin die Ehre erweisen.

Das Land von Arles

Arles
Les–Baux–de–Provence
Fontvieille
Saint–Rémy– de–Provence
Aigues–Mortes
Die Camargue

Salin-de-Giraud liegt am anderen Ende des Küstenstreifens der Camargue an der Mündung des Petit-Rhône. Der Ort wurde im XIX. Jahrhundert zur Gewinnung von Salz gegründet und ist heute das grösste Marais Salant von ganz Europa. Zwei grosse Firmen, Péchiney und Solvay, liessen jeweils eine richtige kleine Stadt für die Fabrikarbeiter anlegen. Einst waren Péchiney und Solvay Konkurrenten und jede der beiden Stadtteile besass ihren eigenen Charakter, den sie vehement gegen die andere verteidigte. An den Wohnblöcken aus rotem Ziegel konnte man sofort die Position der Bewohner in der Firmenhierarchie ablesen. In Salin-de-Giraud haben sich Einwohner zahlreicher Herkunft vermischt, Einwanderer aus Italien, Griechenland und Armenien. Heute sind sie alle echte Camargue-Bewohner. Die

Marais Salants bieten ein atemberaubendes Naturschauspiel, besonders bei der Salzernte. Die Domaine de la Palissade an der Rhônemündung ist im Besitz des Conservatoire du Littoral (Organisation zum Schutz der Küste). Hier kann man auf einem Lehrpfad die Fauna und Flora der Camargue kennenlernen.

**In der Kirche Saintes-Maries-de-la-Mer werden
die Reliquien der Heiligen Sara, der Schutzpatronin
der Zigeuner, verwahrt** (links).
**Nach dem Zweiten Weltkrieg wurde in der Camargue
Reis angebaut** (oben).
**Im Mittelalter lag Saintes-Maries-de-la-Mer mehrere
Kilometer vom Meer entfernt** (unten).

Stoffe

Kattun und Boutis

Die Provence ist ein Landstrich am Meer und hatte deshalb immer schon Zugang zu Artikeln aus dem Orient, die auf dem Markt von Beaucaire feilgeboten wurden. Besonders beliebt waren schöne Stoffe. Bald konnte die Einfuhr die Nachfrage nicht mehr decken und man begann mit dem Bau von Produktionsstätten, in denen die Stoffe bedruckt werden konnten. Auf diese Weise versuchte man die orientalischen Stoffe, auch Kattun genannt, zu imitieren. In Marseille gab es schon einige Spielkartenfabriken, die ihre Karten mit Hilfe von gravierten Holzbrettern bedruckten. Bald wurde dieselbe Technik auch für die Stoffe angewandt. Nicht nur in Marseille, sondern auch in Avignon und im Comtat, in Nîmes und in Tarascon entstand so eine florierende Industrie. Bunte Kattunstoffe sind inzwischen so typisch für diese Gegend gewor- den, dass man von « provenzalischen Stoffen » spricht. In der ersten Hälfte des XX. Jahrhunderts stockte der Absatz leicht, zog aber in den 50er Jahren wieder an, woran Charles Deméry nicht ganz unschuldig war. Letzterer hatte 1939 in Tarascon eine alte Fabrik erstanden, der er den provenzalischen Namen Souleiado gab. Künstler wie Picasso und Jean-Louis Barrault trugen bald aus sei- nen Stoffen geschneiderte Hemden und die provenzalischen Stoffe kamen gross in Mode. In den 80er Jahren wurde der «French Country» -Stil in den Vereinigten Staaten zum Modehit. Neben Souleiado stellen auch andere Firmen provenzalische Stoffe her,

Die Tracht aus Arles ist eine der prächtigsten der ganzen Provence. Besonders schön ist der Kopfputz, der auf die geflochtenen Haare aufgesetzt und mit einem besonderen Kamm befestigt wird (rechts).
Provenzalische Stoffe (oben).

zum Beispiel Olivades, Valdrôme, Mistral und Les Indiennes de Nîmes. Provenzalische Stoffe wurden früher zur Herstellung von Steppkissen und -decken verwendet. Bei den wärmenden Steppwaren liegt der Stoff doppelt und ist mit Baumwolleinlagen verstärkt. Es wurden Decken und Steppdecken hergestellt, aber auch Röcke, in denen die Frauen auch bei grösster Kälte nicht fro- ren. Noch raffinierter ist die Boutis-Technik. Es handelt sich dabei um eine elegante und schwierige Nadelstickerei, die später mit Baumwolleinlagen ausgestopft wird. Boutis-Stickereien werden im allgemeinen auf weissem Stoff ausgeführt und die Motive bleiben ganz der Phantasie der Künstlerinnen überlassen, die Kinderkleider und Lätzchen, Deckchen, Fussplaids und sogar grosse prächtige Bettdecken ausarbeiten. Da das Kunsthandwerk aus der Provence heutzutage sehr geschätzt ist, sind alte Boutis, oft wahre Meisterwerke, beliebte Sammlerstücke.

Das Land

von Luberon

Die Bergkette des Luberon erstreckt sich zwischen Cavaillon und Manosque 60 Kilometer weit am Südufer der Durance. Sie erreicht eine Höhe von 1 125 Metern. In der Mitte wird sie von der sogenannten Schlucht von Lourmarin in zwei geteilt, den Grand Luberon im Osten, den Petit Luberon im Westen. Zu dem Gebiet gehören ebenfalls die Südhänge des Vaucluse mit den Dörfern Gordes und Roussillon. Der Luberon ist im Norden steinig und wild, im Süden dagegen sonniger und weniger steil. Die Kontakte zur Aussenwelt liefen seit jeher über den Südteil ab. Diese Situation hatte nicht nur positive Seiten. Die Verfolgung der Waadtländer hat bei der Bevölkerung schmerzhafte Spuren hinterlassen. Die Nordseite war lange Zeit isoliert geblieben und die Bevölkerung lebte von Heimarbeit für die Seidenindustrie, von Töpferei und der Herstellung von Süssigkeiten. Der Luberon hat sich immer harmonisch entwickelt. Seine Dörfer auf felsigen Anhöhen sind gut erhalten und die Landschaft ist noch unberührt. Dies ist vielleicht der Grund für die Anziehungskraft, die diese Gegend auf Schriftsteller - Jean Giono, Henri Bosco, und Maler - Nicolas de Staël und Vasarély, ausgeübt hat. Der Naturpark Luberon wurde von der UNESCO als schützenswerte Biosphäre eingestuft. Seit 1980 kommen in den Sommermonaten immer mehr Intellektuelle aus Paris in den Luberon.

Gordes

Das alte Wehrdorf ist schon seit ewigen Zeiten von Menschen bewohnt. Gordes gehörte lange Zeit einer provenzalischen Adelsfamilie, den Agoult-Simiane. Der Ort wurde häufig von Wegelagerern angegriffen und litt schwer unter den Wirren der Religionskriege. Als endlich friedliche Zeiten einkehrten (im XVII. und XVIII. Jahrhundert), spezialisierte man sich im Dorf auf bestimmte Handwerkszweige: Wollbearbeitung, Gerberei und Schuhmacherei. Aus den benachbarten Steinbrüchen wurde das Rohmaterial für die Steinmetze herangeschafft. Im XIX. Jahrhundert ging es mit dem Dorf bergab und die Bewohner siedelten sich im Tal an. Im Jahre 1886 gab es ein Erdbeben, bei dem das Dorf

Das Dorf Gordes steht hoch über dem Tal von Coulon auf einem Felsplateau (links).
In Gordes überwindet man die Höhenunterschiede der Strassen über kleine, Calades genannte Treppchen (oben).

schweren Schaden erlitt. Gordes wurde von Künstlern wiederentdeckt und -belebt und ist heutzutage ein reicher Touristenort.

Das alte Dorf kann den starken Einfluss des Mittelalters und der Renaissance nicht leugnen. Es wurde aus Steinen erbaut, deren Farbe sich im Laufe des Tages verändert, was zur Schönheit des Dorfes nicht unwesentlich beiträgt. Die engen Strässchen sind mit Geschäften für Souvenirs und Kunsthandwerk übersät.

Das ehemalige Schloss derer von Agoult-Simiane steht hoch über dem Dorf. Es wurde im XII. Jahrhundert erbaut. Der Maler Victor Vasarély kaufte das Schloss und machte es anschliessend der Gemeinde zum Geschenk, die das Rathaus, das Fremdenverkehrsbüro und die Museen Pol-Mara und Victor-Vasarély in dem historischen Bauwerk unterbrachte.

Das Bories-Dorf ist ein eigenartiger kleiner Weiler aus Steinhütten, der zweifellos aus dem XVI. und XIX. Jahrhundert stammt. Es wurde restauriert und kann besichtigt werden.

Das Land von Luberon

Apt
Gordes
Die Abtei von Sénanque
Lourmarin
Ansouis
La Tour d'Aigues

Die Kirche der Abtei von Sénanque ist ein Beispiel für das
zisterziensische Ideal von Reinheit und Strenge (links).
Von den Galerien des Klosters gehen zwölf von
Doppelsäulen getragene Bögen auf den Innenhof (oben).

Die Abtei von Sénanque

Die altehrwürdige Abtei von Sénanque liegt in einem wunderschönen abgelegenen Tal ein paar Kilometer von Gordes entfernt. Sie ist eines der schönsten Beispiele der romanischen Kunst der ganzen Provence. Die Abtei wird im gleichen Atemzug wie die beiden anderen Zisterzienserkloster, Silvacane und Thoronet, genannt. Das Meisterwerk der romanischen Baukunst wurde in der Mitte des XII. Jahrhundert von nur zwölf Mönchen in Angriff genommen. Unter dem Ancien Régime hatte die Abtei einige Probleme und wurde schliesslich bei der Französischen Revolution als öffentlicher Besitz verkauft. Im XIX. Jahrhundert wurde das Bauwerk wieder seiner religiösen Bestimmung zugeführt, im XX. Jahrhundert gab es erneut eine Unterbrechung des Klosterbetriebes. Heutzutage werden die Baulichkeiten, deren strenge und puristische Linienführung für den mittelalterlichen Stil der Zisterzienser typisch ist und die inmitten von Lavendelfeldern liegen, erneut von Mönchen bewohnt.

Das Land von Luberon

Apt
Gordes
Die Abtei von Sénanque
Lourmarin
Ansouis
La Tour d'Aigues

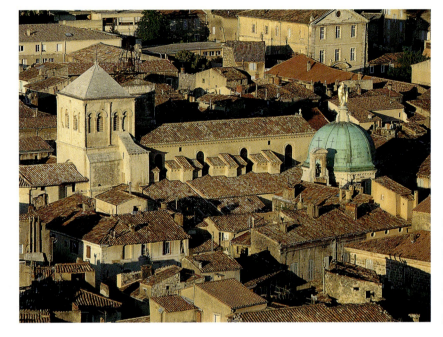

**Im Frühling blühen
die Mandelbäume
in der Region von
Roussillon** (rechts).
**Apt wurde um die
Kathedrale Sainte-Anne
herum gebaut** (links).

Apt

Schon die alten Römer richteten hier eine verkehrstechnisch günstig gelegene Siedlung namens Apta Julia an, die im III. Jahrhundert gar ein Bistum wurde. In der Zeit der Invasionen scheint der Ort verlassen worden zu sein, nur eine religiöse Gemeinschaft hielt sich zeitweise in den gallo-römischen Ruinen auf. Die Moyenne Provence wurde damals durch Überfälle der Sarazenen verwüstet und diese Bedrohung hielt bis zum X. Jahrhundert an. Als die Gefahr endlich gebannt war, blühte die Region neu auf. Die Stadt stand unter der Herrschaft eines Bischofs und eines Lehnsherren. Ab dem XVIII. Jahrhundert wurde Apt durch Landwirtschaft und Handwerk reich. Die Spezialitäten der Stadt waren kandierte Früchte, Tongeschirr und Fayencen, alles Waren, die auch heute noch hier hergestellt werden. Im XIX. Jahrhundert kamen noch die Gewinnung und die Bearbeitung von Ocker dazu. Die Schaffung der Militärbasis von Albion in den 60er Jahren war der Stadt äusserst zuträglich. In den letzten Jahren nahm der Tourismus in dieser Stadt im Herzen des Luberon einen grossen Platz ein.

Die alte Stadt zog sich am Fluss Calavon am Fusse von grossen Hügeln hin. Der Marktplatz Place de la Bouquerie war das Zentrum des Ortes. Früher lagen um den Platz herum zahlreiche Herbergen, heute sind es Cafés. Lohnend ist der Besuch der Kathedrale Sainte-Anne aus dem XI. Jahrhundert, die auf den Resten eines gallo-römischen Monuments erbaut wurde. Das Gotteshaus wurde im XVIII. Jahrhundert mehrmals umgebaut. Es verfügt über reichhaltiges Mobiliar. Das 1950 gegründete und 1970 im ehemaligen Pfarrhaus untergebrachte Museum enthält archäologische Sammlungen und Fayencen von Künstlern aus Apt. Im alten Hôtel de la Sablière, seit 1977 Sitz des Regionalen Naturparks Luberon, ist ein Geologiemuseum untergebracht.

Diese Juliusbrücke genannte römische Brücke
führt schon seit dem I. Jahrhundert vor Christus
über den Calavon (rechts).
Das Dorf Lourmarin mit seinem eleganten
Renaissance-Schloss (links oben).
Das Schloss von Ansouis ist seit dem XII.
Jahrhundert im Besitz der Familie de Sabran.
Es kann besichtigt werden (links).

Roussillon und das « Colorado der Provence »

Es rankt sich eine mittelalterliche Legende um die spekta-
kulären ockerfarbenen und roten Felsen dieses Ortes. Der Sage
nach soll die schöne Sermonde de Roussillon, Gattin eines
Lehnsherren, eine Affäre mit einem Troubadour gehabt haben.
Ihr Gatte brachte den Nebenbuhler aus Rache um und gab seiner
nichtsahnenden Frau das Herz ihres Geliebten zu essen. Als
Sermonde die Wahrheit erfuhr, stürzte sie sich von der Felsklippe.
Ihr Blut soll den Felsen ihre eigenartige Farbe gegeben haben...
Der ockerfarbene Ton stammt von einem Meeressediment, das
sich hier vor mehr als hundert Millionen Jahren abgesetzt hat.
Es besteht aus einer Mischung aus Sand und Eisenoxyd, das ihm
seine Farbe verleiht. Der Ausdruck « Colorado der Provence » war
in den 30er Jahren erfunden worden.
Der Ocker aus dem Roussillon wurde ab dem XVIII. Jahrhundert
als Puder unter die Leute gebracht. Der Artikel verkaufte sich blen-
dend und es entstanden zahlreiche neue Ockerminen. Nach dem
Ersten Weltkrieg ging die Produktion zurück, da es nun zahlreiche,
oft billigere Ersatzprodukte gab. Im Jahre 1885 arbeiteten noch
165 Personen in den Ockerminen, 1951 waren es nur noch 14.
Heute beläuft sich die Förderung auf 2 000 Tonnen pro Jahr. Das

Interesse an provenzalischen Produkten steigt und die Touristen
wollen die Minen besichtigen. Viele Minen haben deshalb
Besucherwege mit Schautafeln und Erklärungen angelegt und die
Besucher nutzen die Gelegenheit, einen angenehmen und interessanten Spaziergang zu unternehmen.

Lourmarin

Lourmarin liegt am Südhang des Luberon zwischen Apt und
Cavaillon am Eingang der Schlucht, in der man das Massiv von
Norden nach Süden durchqueren kann. Das Dorf wurde im XIV.
Jahrhundert nach den Plünderungen der grossen Kriege verlassen.
Als ein Lehnsherr 1470 eine Kolonie waadtländischer Protestanten
aus den Alpen gründete, bevölkerte sich das Dorf erneut und wurde
durch die Landwirtschaft im XIX. Jahrhundert reich. Es ist wunderschön gelegen und inspirierte die Schriftsteller Albert Camus
und Henri Bosco.
Über dem Dorf stehen der Kirchturm, der protestantische Tempel
und das Schloss. Auf dem kleinen Friedhof befinden sich die Gräber
der Schriftsteller Albert Camus und Henri Bosco, die hier gelebt
hatten.
Das Schloss besteht aus zwei Teilen, die jeweils aus dem XV. und
dem XVI. Jahrhundert stammen. Das alte Schloss besitzt einen
Innenhof und ähnelt einer Stadtvilla aus derselben Epoche. Das
neue Schloss dagegen ist nach aussen offen und kann den Einfluss
der Loireschlösser nicht verleugnen. Seine schöne Fassade steht
hoch über Lourmarin. Das Schloss wurde im XVI. Jahrhundert auf-

gegeben und abgetragen. In den 20er Jahren nahm sich Robert Laurent-Vibert, ein junger Gelehrter, der von seiner Familie in Lyon ein Vermögen geerbt hatte, seiner an und restaurierte das Schloss. Nach seinem frühen Tode fiel das Schloss an eine Stiftung. Jeden Sommer kommen Künstler und Musiker in das Schloss, um hier zu arbeiten und ihre Werke und Konzerte der Öffentlichkeit zugänglich zu machen. Das Schloss von Lourmarin ist mit antiken Möbeln reich dekoriert und verfügt über eine prächtige Bibliothek. Es kann besichtigt werden.

Ansouis

Ansouis, ein gut erhaltenes Dörfchen, war früher das Lehensgut des Hauses Sabran. Seine Hauptattraktion ist das Schloss, das sich seit einem Jahrtausend im Besitz der Familie Sabran befindet. Das ehemalige Herrschaftshaus befindet sich neben der alten Gemeindekirche, die früher als Hauskapelle des Schlosses diente.

Das Herrschaftshaus wurde im Laufe der Zeit mehrmals umgebaut. Die Familie Sabran hat das Schloss lange Zeit nicht mehr bewohnt, bis der Herzog von Sabran-Pontevès das Bauwerk in der zweiten Hälfte des XX. Jahrhunderts restaurieren liess.

La Tour-d'Aigues

Das Schloss gab dem Dorf seinen Namen. Im Jahre 1550 wurde die Festung in ein prachtvolles Palais nach dem Modell des Schlosses von Ecouen in der Ile-de-France umgebaut. Nach diesem Umbau und der Anlegung von herrlichen Gärten war das Schloss von La Tour-d'Aigues eines der schönsten in der ganzen Provence. 1792 fiel es einem Feuer zum Opfer und es blieben nur noch grandiose Ruinen stehen. Der Ort wird heute restauriert und sieht langsam wieder so aus wie früher. Im Kellergewölbe befindet sich das Museum der Geschichte des Landes von Aigues, in dem auch vor Ort hergestellte Fayencen zu bewundern sind.

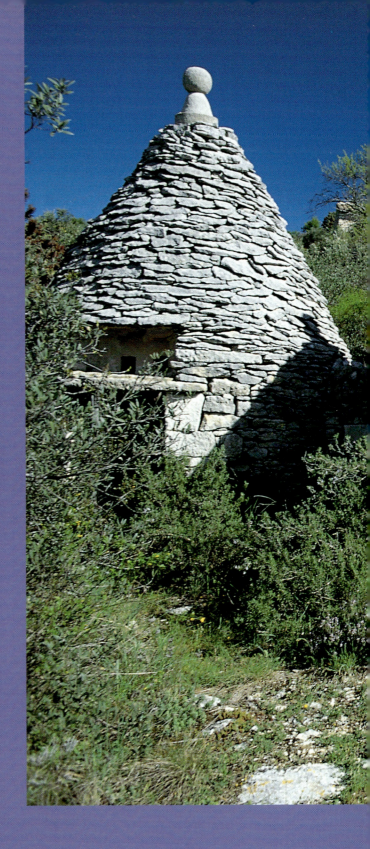

Wohnkultur

Die traditionelle Architektur

Wie in allen anderen Gegenden ist die traditionelle provenzalische Architektur ein Spiegel der Geographie, des Klimas und der Baumaterialien, die man in der Region finden kann.

In den Städten sind die Häuser meist schmal und eng, was seinen Grund darin hat, dass die Provence lange Zeit keine besonders sichere Gegend war. Viele Häuser sind sehr hoch und besitzen pro Etage lediglich einen Raum. Im Inneren der Befestigungsmauern war Platz selten und teuer, die Strassen eng und gewunden. Die kleineren Orte sind genauso gebaut. Selbst Dörfer haben einen aussergewöhnlich urbanen Charakter, was zweifellos auf den Einfluss der alten Römer zurückzuführen ist. Sowohl die Städte als auch die Dörfer verfügen über Stadtmauern, eine eigene Kirche, einen schattigen Platz mit einem Brunnen und einem Kirchturm. In der Provence gibt es zwar relativ wenige grosse Schlösser, dafür besitzen die Städte prächtige, von der italienischen Architektur und von der französischen Klassik beeinflusste Stadtvillen.

In Aix und Marseille liessen sich die Honoratioren auf ihren ländlichen Besitzungen Landhäuser erbauen, sogenannte Bastides. Die Häuser waren richtige kleine Schlösschen, in denen man sich während der warmen Jahreszeit aufhielt. Um Aix herum sind einige der Bastides noch heute bewohnt, andere wurden zu Museen umfunktioniert, wie zum Beispiel das Schloss Borély in Marseille und die Pavillons de Vendôme und de l'Enfant in Aix. Ein guter Teil jedoch wurden durch das Wachstum und die Ausbreitung der Stadt Marseille zerstört oder beschädigt. Die einfachen Leute konnten sich keinen solchen Luxus leisten, sie nahmen mit Hütten und Bastidons, einer Art Mini-Bastiden, vorlieb. Diese kleinen Bauten standen meist auf Hügeln oder am Meeresstrand und waren aus allen möglichen Materialien zusammengeflickt. Den Sonntag verbrachten die Leute in ihren « Wochenendhäuschen » und ver-

**Eine Strasse im Dorf Lacoste im Luberon.
Das Haus hat eine schöne Fassade im
Renaissancestil** (rechts).
**Im Dorf Roussillon sind die Wände mit
Ockerfarbe aus den nahen Ockerminen
bemalt** (oben).
**In Gordes schmiegen sich die Häuser
an den Hang** (unten).

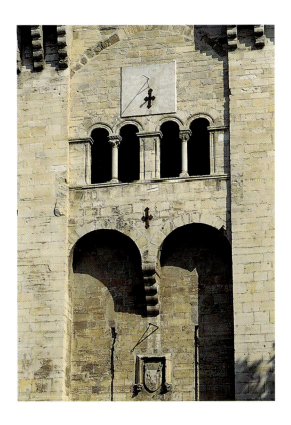

trieben sich die Zeit mit Jagen oder Angeln. Es ging einfach, aber
herzlich zu und die Schriftsteller Marcel Pagnol und Vincent Scotto
widmeten diesem Phänomen ihre Aufmerksamkeit.

Die alten provenzalischen Bauernhöfe werden in der Ebene von
Arles Mas genannt, im Comtat Granges und in der Gegend zwischen Aix und Marseille Bastides. Im Allgemeinen sind die ländlichen Wohnstätten nach Süden ausgerichtet. Die Nordfassaden
sind zum Schutz gegen den Mistral fensterlos, die Südseiten dagegen sind oft mit Tonnelles verschönt. Die ausgesprochen schmalen Öffnungen lassen die Hitze des provenzalischen Sommers
draussen und halten den Wohnraum angenehm kühl. Aus demselben Grund haben alle Fenster Fensterläden, die im Sommer meistens geschlossen bleiben. An den Türen hängen oft Vorhänge aus
Stoff oder Perlen aus Buchsbaum, die die Fliegen verjagen sol-
len. Das Zentrum des Familienlebens war der grosse Wohnraum
mit einem offenen Kamin. Die Häuser waren aus Steinen aus einem

**Das Dorf Lacoste und das Schloss, das sich früher
im Besitz der Familie de Sade befand** (links).
**Das Tor Saunerie mit seiner Sonnenuhr
in Manosque** (oben links).
Kirchlein in Mane (oben rechts).

der zahlreichen Steinbrüche gebaut und mit romanischen Schindeln
gedeckt, wie sie in allen Ländern des europäischen Mittelmeer-
raumes verwendet werden. Die Mas in der Camargue und in Crau
besassen grosse Schäferein - Jasso auf Provenzalisch - in denen die
Schafherden den Winter verbrachten. Die meisten dieser riesigen,
mit einem Spitzdach versehenen Gebäude dienen heute nicht mehr
dem Komfort der Schafe, sondern wurden in Räumlichkeiten für
Empfänge und Treffen umgebaut, was den Touristen einen guten
Grund gibt, die Camargue zu bereisen.

Es gibt noch weitere ortstypische Bauten, nämlich die sogenannten Bories, bescheidene Hütten, die typisch sind für die ländliche provenzalische Architektur. Unter einer Borie versteht man ein
kleines Steinhäuschen. Sie haben nichts mit ihren Namensvettern
im Luberon gemein. In der Gegend von Nîmes tragen sie den
Namen Capitelles. Man geht davon aus, dass diese Art von
Behausungen bis ins Neolithikum zurückreicht. Im XIX. Jahrhundert
wurden sie massenhaft gebaut. Man sammelte Steine auf den
mageren und steinigen Feldern und baute an den Hängen
Unterstände mit dicken Mauern und einem Gewölbe mit
Mauervorsprüngen. Derartige Häuser dienten den Ärmsten als
Behausung, wie zum Beispiel in Gordes, wo es ein ganzes Dorf
aus Bories gibt, das man unbedingt besuchen sollte.

Da Steine in der Camargue selten sind, wurde von den ärmeren
Bevölkerungsschichten die uralte Tradition der Hütten aus Schilfrohr
weiter gepflegt. Die bescheidenen Behausungen sind wie die Mas
nach Süden ausgerichtet und haben spitze, steile Dächer, die sich
an ein Mäuerchen lehnen. Nach Norden hin sind sie zum Schutz
gegen den Mistral durch eine Apsis abgeschlossen. Das Schilfrohr
aus der Camargue, das sogenannte Sagno, wurde an manchen
Stellen, zum Beispiel an den tragenden Mauern und den

Dachgiebeln, mit einer Kalkschicht verstärkt. Diese Behausungen wurden einst von den Ärmsten bewohnt - Tagelöhner, Pferde- und Stierhirten, Schäfer, Arbeiter aus Salins-de-Giraud, Fischer. Heutzutage sind diese Häuschen unter dem Namen Cabanes de Gardian bekannt.

Hütte in den Weinbergen des Luberon (rechts).
Gardianhütte in der Camargue (oben).

Das Land

von Giono

Als Haute Provence bezeichnet man die Teile der Provence an der Rhône und am Meer bis hin zu den Alpen. Im Süden wird sie durch den Luberon, das Land von Aix und die Durance begrenzt. Die Haute Provence ist eine ländliche Gegend, die von der Durance, einer jahrhundertealten Verbindungsstrasse, durchzogen und bewässert wird. Früher war der Fluss für seine gefährlichen Überschwemmungen bekannt, aber die französischen Stromwerke EDF haben das Flussbett nach und nach begradigt und heutzutage ist der Fluss gezähmt.

In der Haute Provence ist jede Siedlung ein eigenes kleines Wirtschaftszentrum, in dem Waren und Nachrichten ausgetauscht werden. Das Klima ist hier rauher als in der weiter im Süden liegenden Ebene. Die Böden sind arm und die Landwirtschaft bringt bescheidene Erträge. Aus diesem Grund mussten die Bauern aus dieser Gegend oft für einige Zeit in die Ebene ziehen, um dort Arbeit zu finden, meistens Erntearbeiten im Land von Arles. Durch die Industrialisierung wurde diese Tendenz beschleunigt, was das Ende der traditionellen Gesellschaft einläutete. Viele Dörfer wur-

Um von der Provence in den Dauphiné zu gelangen, muss man über Sisteron an der Durance gehen (links). **Die Zitadelle von Sisteron steht hoch über der Altstadt** (oben).

den im XX. Jahrhundert einfach verlassen. Erst später wurden sie dann als Urlaubsresidenzen wiederentdeckt.

Diese harte und strenge Provence wurde von den Schriftstellern Jean Giono, Jean Proal und Pierre Magnan in ihren Werken beschrieben.

Sisteron

Sisteron, das Tor des Dauphiné zur Provence, bewacht mit seiner Zitadelle die Ufer der Durance. Die Stadt ist auf eine in die Ebene ausgerichtete Steinplatte gebaut. Der Ort stellt die Nodgrenze des Anbaugebiets von Olivenbäumen dar. Der strategisch günstige Standort der Zitadelle wird schon seit der Antike bewohnt. Schon die alten Römer haben von hier aus die hier verlaufende Strasse Domitienne überwacht. Die Stadt war die Grenze zwischen Frankreich und der Provinz Dauphiné. Die Eingliederung der Provence in das Königreich änderte nichts an seiner strategischen Bedeutung, aber die Stadt wurde zusätzlich noch zu einem Handelsknotenpunkt auf der Strasse in die Alpen. Erst als Nizza und die Savoyen besetzt wurden und die Grenze somit in die Ferne rückte, verlor sie ihre militärische Bedeutung. Die Stadt wurde nichtsdestotrotz im letzten Weltkrieg schwer bombardiert.

Die Zitadelle wurde im Lauf der Jahrhunderte ständig umgebaut, um den jeweiligen neuen militärischen Anforderungen gerecht zu werden. Die oberen Mauern und der Donjon stammen aus der Zeit der Grafen der Provence (XIII. Jahrhundert). 1692 arbeitete Vauban einen neuen Plan zur Befestigung der Stadt aus, um den Invasionsandrohungen des Herzogs von Savoyen zu begeg-

77

Das Land von Giono

Sisteron
Die Mées
Ganagobie
Forcalquier
Manosque
Valensole
Moustiers-Sainte-Marie
Der Verdon

Die Altstadt von Forcalquier liegt um die Kirche Notre-Dame-du-Bourguet, die zwei Glockentürme besitzt (rechts). **Die Felszacken tragen den Namen Mées, was Meilenstein bedeutet** (links).

nen. Die Festung wurde jedoch noch bis 1860 ständig weiter umgebaut, obwohl sie ihre Lage auf einer Anhöhe der Gefahr einer Bombardierung aussetzte, die mit der Perfektionierung der Kanonen ständig grösser wurde. 1944 wurde die Zitadelle durch Bombardierungen schwer beschädigt. Von hier oben hat man einen einzigartigen Blick auf die gesamte Landschaft, von den Alpen bis zum Tal der Durance.

Die alte Kathedrale Notre-Dame-des-Pommiers ist ein ausgezeichnetes Beispiel für die Alpen-Architektur, die den Einfluss der Lombardei nicht leugnen kann. Das Innere ist ziemlich streng, aber die liturgischen Möbel aus dem XVII. und XVIII. Jahrhundert sind wunderschön.

Die Altstadt ist eine Mischung aus urbanem Habitat und Ländlichkeit, da hier viele Bauern wohnten. Viele der alten Häuser haben schön geschnitzte Türen. Von der mittelalterlichen Stadtmauer sind heute noch fünf Türme erhalten.

Die Mées

Die Mées sind eine eigenartige Landschaftsformation über dem Tal der Durance. Sie besteht aus dem sogenannten « Poundingue », einer 25 Millionen alten Mischung aus Kieseln und Sand. Die Felswände wurden durch Frost und Regen zu einer Art natürlichen Skulptur ausgeformt. Der Legende nach handelt es sich um versteinerte Mönche aus der Zeit der Sarazenenüberfälle. Der Wanderweg zu den Mées beansprucht etwa zweieinhalb Stunden.

Ganagobie

Das Plateau von Ganagobie liegt in etwa 350 Meter Höhe über dem Tal der Durance. Man kann von hier aus seinen Blick von Sainte-Victoire bis zu den Alpen schweifen lassen. Wegen seiner günstigen Lage wurde der Standort von Ganagobie schon sehr früh von Menschen besiedelt. Am Ostrand des Plateaus wurde im X. Jahrhundert eine Priorei gegründet. Sie war im Besitz der mächtigen Abtei von Cluny und wurde mit Hilfe der örtlichen Aristokratie ständig vergrössert. Kurz vor der Französischen Revolution wurde sie säkularisiert und im XIX. Jahrhundert der Kirche zurückübereignet. Seit 1992 wirken hier Benedektinermönche aus der savoyardischen Abtei Hautecombe.

Die im rein romanischen Stil gehaltene Kirche Notre-Dame wurde im XII. Jahrhundert erbaut. Bemerkenswert sind ihr geschnitztes Tor und der mit Mosaiken im orientalischen Stil geschmückte Chor. Die restlichen Baulichkeiten des Klosters sind den Mönchen vorbehalten und können nicht besucht werden.

Forcalquier

Die Stadt liegt an einem strategischen Ort an der Grenze zwischen dem Luberon und der Bergagne de Lure, zwischen der Durance und der Calavon. Aus diesem Grund liess sich ein Teil der Familiendynastie der Grafen der Provence im XI. Jahrhundert hier nieder, das Haus der Grafen von Forcalquier. Sie nutzten die Rivaliät zwischen den provenzalischen Prinzen des Hauses von Barzelona und der Grafen von Toulouse aus und wurden in der Haute Provence zu einem mächtigen Adelsgeschlecht. Die Stadt und die Grafschaft fielen am Ende des XII.

Jahrhunderts an die Provence, als sich Gersende de Forcalquier mit dem Grafen der Provence Alfons II. vermählte. Ihr Sohn Raymond-Bèranger V., der grösste aller provenzalischen Prinzen, machte Forcalquier zu einer seiner Hauptresidenzen. Seine Macht und sein Prestige waren so gross, dass es ihm gelang, seine vier Töchter mit vier europäischen Königen zu verheiraten. Aus diesem Grund wird Forcalquier auch die « Stadt der vier Königinnen » genannt. Wie die anderen provenzalischen Fürstentümer wurde Forcalquier Frankreich einverleibt, behielt aber bis in die heutige Zeit den Ruf einer rebellischen Stadt.

Der bemerkenswerteste Bau von Forcalquier ist die Kathedrale Notre-Dame-du-Marché oder du Bourguet. Sie verfügt über ein romanisches Kirchenschiff und einen gotischen Chor. Die beiden Stilrichtungen sind zwar sehr verschieden - die eine ist sehr streng, die andere verspielt - der gotische Stil wurde jedoch so stark von der provenzalischen Romanik beeinflusst, dass ein harmonisches Ganzes entstehen konnte.

In der Altstadt gibt es zahlreiche alte Häuser, Brunnen und Kloster. Die alte, im XVII. Jahrhundert zerstörte Zitadelle wurde 1875 durch die Kirche Notre-Dame-de-Provence ersetzt. Das Glockenspiel aus dem Jahre 1925 stellt einen Glockenspieler beim Läuten der Glocken dar. Von hier aus hat man einen phantastischen Blick über die gesamte Region, vom Luberon bis zu den Alpen.

Das Land von Giono

Sisteron
Die Mées
Ganagobie
Forcalquier
Manosque
Valensole
Moustiers-Sainte-Marie
Der Verdon

Manosque

Der Name Manosque kommt aus der keltisch-ligurischen Sprache, dem Vorläufer des Provenzalischen. Daraus kann man ersehen, dass der Ort schon seit sehr langer Zeit besiedelt wird. Um 900 wurde Manosque von den Sarazenen geplündert und von seinen Bewohnern verlassen, in den späteren Jahrhunderten siedelten sich hier erneut Menschen an und erbauen das Gotteshaus Notre-Dame-de-Romiguier. Der Ort wuchs stetig an und es bildeten sich vier verschiedene Stadtviertel heraus. Eines davon trägt den Namen Le Palais, was zweifellos auf das Schloss der Hospitalier von Saint-Jean-de-Jèrusalem zurückgeht. Letztere, auch bekannt unter dem Namen Ritter des Malteserordens, waren die Herren der Stadt, die damals von einer Stadtmauer umgeben war, von der heutzutage nur noch zwei riesige Tore übrig sind. Manosque hatte seit 1206 Gemeinderecht und wurde von Konsuln unter der Oberherrschaft des Grafen von Forcalquier regiert. Die relative Bedeutung der Stadt zu dieser Zeit lässt sich daran ablesen, dass hier 1367 ein sogenanntes « Studium Papal », eine mit der heutigen Universität vergleichbare Hochschule gegründet wurde. Im XVI. Jahrhundert musste die Stadt mit einer grossen Pestepidemie fertigwerden, die die Bevölkerung dezimiert und der Stadt nachhaltig schadete. Bis ins Jahr 1950 dümpelte die Einwohnerzahl um die 6000 Seelen. Ab diesem Zeitpunkt stieg die Bevölkerung stark an. Manosque liegt mitten in einem ländlichen Gebiet, in dem aber bis 1948 Kohle abgebaut wurde. Die Arbeiter waren Einwanderer aus Italien, Spanien, Polen und Griechenland. Jean Giono lebte sein ganzes Leben lang in Manosque und schuf hier sein literarisches Werk.

Die Porte de la Saunerie - vom Provenzalischen Sau, Salz - ist das Symbol der Gemeindefreiheiten und dient das Eingangstor in die Altstadt voller gewundener enger Gassen. Hier gibt es zahlreiche schöne Häuser zu bewundern, das Maison Voland und das Rathaus beispielsweise. Die im typisch provenzalisch-romanischen Stil gehaltene Kirche Saint-Sauveur dient der einzigen Kirchengemeinde der Stadt als Sitz. Sie wurde von den Sarazenen zerstört und im XII. bis XIV. Jahrhundert wieder aufgebaut. Die 1975 unter Denkmalschutz

Auf dem Plateau von Valensole liegen viele Mas, isoliert gelegene bäuerliche Wohnstätten (links). **Lavendel und Thymian sind ganz typische Pflanzen für die Provence.** (auf der gegenüberliegenden Seite).

gestellte Kirche verfügt über ungewöhnliches liturgisches Mobiliar. Das älteste Gotteshaus der Stadt ist die Kirche Notre-Dame-de-Romiguier. Auch sie wurde von den Sarazenen zerstört und im XII. Jahrhundert wieder aufgebaut. Bis ins XVII. Jahrhundert wurden zahreiche bauliche Veränderungen vorgenommen. Sie ist einer Schwarzen Madonna geweiht, deren Statue bei den Plünderungen der Sarazenen in einem Dornbusch versteckt worden sein soll. Der Hauptaltar ist ein prachvoller frühchristlicher Sarkophag, der den in Arles gefundenen nicht unähnlich ist.

Das Centre-Jean-Giono verfügt über eine Bibliothek und Archive. Eine ständige Ausstellung bringt den Besuchern das literarische Universum des grossen Schriftstellers näher, der sich von Manosque und seiner Umgebung inspirieren liess. Das Haus Lou Paraïs, das Giono von 1929 bis zu seinem Tode bewohnte und in dem alle seine Bücher entstanden, kann ebenfalls besichtigt werden.

Valensole

Das Städtchen Valensole ist gallo-römischen Ursprungs und steht am Rande des gleichnamigen Plateaus, welches in West-Ost-Richtung geneigt ist und von den Tälern der Bléone, der Durance,

Das Land von Giono

Sisteron
Die Mées
Ganagobie
Forcalquier
Manosque
Valensole
Moustiers-Sainte-Marie
Der Verdon

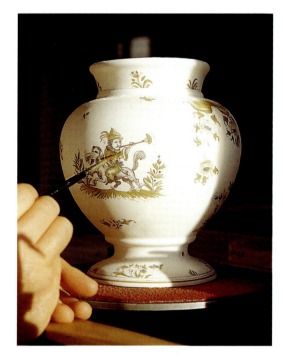

Das Dorf Moustiers-Sainte-Marie steht auf einem Felsen (rechts).
Schon im XVII. Jahrhundert wurden in Moustiers Fayencen hergestellt (oben).

Moustiers-Sainte-Marie

Auf Provenzalisch heisst Moustié Kloster. Gemeint ist damit die alte, vom Bischof von Riez mit Mönchen aus der Abtei von Lérins gegründete Priorei aus dem V. Jahrhundert. Das Dorf hat sich im Laufe der Jahrhunderte um die Priorei herum gebildet. Sein internationales Renommée verdankt Moustiers den vor Ort hergestellten Fayencen. In Moustiers wurden schon immer schöne Tonwaren hergestellt und 1679 begann Pierre I. Clérissy mit der Herstellung von Fayencen. Diese Epoche war für ein derartiges Unternehmen besonders günstig, da Ludwig XIV. gerade alles Goldgeschirr hatte einschmelzen lassen, das nun ersetzt werden musste. Die Werkstätten arbeiteten mit voller Kraft und versorgten die Aristokraten mit wundervollem Geschirr, das mit verschiedenen Mustern angeboten wurde. Zusammen mit Rouen, Nevers und Marseille wurde Moustiers eines der Hauptzentren der Fayenceherstellung in Frankreich und seine Produkte wurden häufig kopiert. Im Laufe der Zeit nahm die Begeisterung jedoch ab und im XIX. Jahrhundert wären die Fabriken fast verschwunden. Glücklicherweise kamen die Fayencen aus Moustier ab 1930 wieder in Mode und heute geht das Geschäft glänzend. Das alte Dorf ist wie ein Amphitheater um einen Fluss herumgebaut. Die Strassen und die alten Häuser wurden restauriert und sind einen Besuch wert. Das Fayence-Museum besitzt eine Sammlung von Moustiers-Fayences, die vom XVII. Jahrhundert bis in unsere Tage reicht.

Die Kirche Notre-Dame ist das alte Heiligtum der Mönche. Das romanische Kirchenschiff wurde später mit einem gotischen Chor und Seitenkapellen versehen. Der Kirchenschatz und das liturgische Mobiliar dieser Kirche sind sehenswert.

Die 1052 zum ersten Mal erwähnte Kapelle Notre-Dame de Beauvoir hoch über dem Dorf kann über einen gewundenen Weg erreicht werden. Sie besitzt einen eleganten dreistöckigen Kirchturm im lombardischen Stil. Die Sakristei ist mit einer Reihe von Ex-Voto-Bildern der Jungfrau Maria geschmückt.

des Verdon und den Voralpenzügen von Dignes und Castellane begrenzt wird. Früher wurden hier ausschliesslich Lavendel und Lavandin angebaut, heute hauptsächlich Getreide. Der Name Valensole kommt aus dem Lateinischen Vallis Solis, das Tal des Sonne - Nomen est Omen.

Das alte Dorf verfügt noch über seine Stadtmauern und alte Häuser aus dem XVII. und XVIII. Jahrhundert. Die schöne Gemeindekirche aus dem XI. Jahrhundert hat einen gotischen Chor. Ganz in der Nähe steht die Kapelle Saint-Mayeul, die den Namen eines berühmten, für die mittelalterliche Provence hochwichtigen Geistlichen aus der Abtei von Cluny trägt, der ein Kind des Dorfes war.

Das Land von Giono

Sisteron
Die Mées
Ganagobie
Forcalquier
Manosque
Valensole
Moustiers–Sainte–Marie
Der Verdon

Der Verdon

Dieser kleine Fluss in den Alpen, ein Zufluss der Durance, ist sehr berühmt für seine Schluchten. Er bildet die Grenze zwischen der Provence des Var und der Provence der Alpen. Das Plateau wurde von durch Wasser des Verdon hervorgerufene Erosion zerfressen. Es handelt sich um eine riesige, 250 bis 700 Meter hohe Klippe. Diese Naturschönheit, eine der bekanntesten in ganz Europa, wurde erst 1905 von E.A. Martel, dem Begründer der modernen Speleologie, ganz erforscht. Sein Name kommt von seinem glasklaren, smaragdgrünen Wasser.

Die Schluchten können auf verschiedene Arten besichtigt werden. Es gibt einen etwa 130 Kilometer langen Rundweg auf Landstrassen, auf dem man die Gegend per Auto abfahren kann. Am Eingang des Grand Canyon du Verdon liegt das Dorf Aiguines mit einem Schloss, von dem aus man einen fabelhaften Blick über den See Sainte-Croix hat. Fünf Kilometer weiter liegt der beeindruckende Talkessel von Vaumale an der Flanke der Klippe und das Felsenmeer von Imbut. Zahlreiche Aussichtstürme und Balkone bieten einen prächtigen Ausblick, der immer wieder neue Aspekte der Landschaft eröffnet.

Die Felswände des Grand Canyon du Verdon sind Kletterfreunden ein Begriff (links). **Im Canyon können sich Mutige im Wasser vergnügen** (oben).

Mit demselben Fortbewegungsmittel kann man auch auf der atemberaubenden Kammstrasse entlangfahren, die über wunderbare Aussichtspunkte verfügt. Es gibt ebenfalls Wanderwege, auf denen man die Schönheiten des Ortes zu Fuss entdecken kann, was bis zu zwei Tage in Anspruch nimmt. Für vorsichtige Spaziergänger gibt es beschilderte, nach Schwierigkeitsgrad abgestufte Wege. In Moustiers-Sainte-Marie ist es ein kleiner, gut gemachter Wanderführer erhältlich.

Abenteurer und Erfahrene können auch per Kanu durch das Flussbett paddeln. Dieser Ausflug dauert 6 bis 8 Stunden und sollte gut vorbereitet werden. Am besten nehmen Sie die Dienste eines Führers in Anspruch, der die Gegend gut kennt, Sie mit der passenden Ausrüstung versorgt und vor allem auch günstige Wetterbedingungen

Das Land von Giono

Sisteron
Die Mées
Ganagobie
Forcalquier
Manosque
Valensole
Moustiers–Sainte–Marie
Der Verdon

**Mit Hilfe der Staudämme von Chaudanne und Castillon
lässt sich der Wasserpegel der Verdon regulieren** (oben).
Der See Sainte-Croix ist ein riesiger Stausee (unten).

abpasst, da ein Gewitter das gemächliche Flüsschen in ein paar
Minuten in einen reissenden Strom verwandeln kann.

1972 wurde von den französischen Elektrizitätswerken EDF ein
Staudamm gebaut, was die Entstehung des riesigen, 2500 Hektar
grossen Staudamms von Sainte-Croix nach sich zog. Dörfer, die
früher auf einer Anhöhe standen, heute direkt am Wasser. Das
Dörfchen Saint-Croix lebt den Sommer über von der Vermietung
von Kanus und Surfbrettern. Ein Paradies für Wasserratten: man
kann auf den Felsen sonnenbaden und in den lauen Wassern
des riesigen Sees schwimmen.

Lavendel

von der Blüte zum Parfum

Diese kleine blaue Blume ist eines der Symbole der Provence, wie Zikaden und Krippenfiguren. Viele Leute glauben, dass der Lavendel immer schon in der ganzen Provence heimisch war, da es heutzutage sogar in den Alpilles Lavendelfelder gibt. Es handelt sich aber ursprünglich um eine Wildpflanze, die praktisch nur in der Haute Provence vorkam, da sie sich nur in Höhenlagen wohlfühlt.

Der Name Lavendel kommt vom lateinischen Lavare, waschen. Schon die alten Römer parfümierten ihre Kleidung und ihr Badewasser mit dieser Pflanze. Der Lavendel kommt aus Persien oder von den Kanarischen Inseln und wurde schon sehr früh in der Provence heimisch, vielleicht ist die Wildform aber auch schon

immer hier vorgekommen. Ihre desinfezierenden und aromatischen Eigenschaften waren schon im Mittelalter bekannt und wurden hoch geschätzt. Die Einwohner der Provence legten die Pflanze in Wein oder Alkohol ein und machten daraus volkstümliche Medikamente. Im XIX. Jahrhundert begeisterte man sich für Parfum und die Nachfrage stieg immer weiter an, was die Industrie in Grasse ankurbelte. Der Lavendel der Haute Provence wurde zuerst wild gesammelt, was für ärmere Familien einen willkommenen Nebenverdienst darstellte. Ab 1920 jedoch wurde der Lavendel in der ganzen Region intensiv angebaut. Viele bis dahin brachliegende Flächen konnten nun genutzt werden, was aber langwierige und harte Vorarbeiten nötig machte, da die Felder erst von Gestrüpp und Steinen befreit werden mussten. Heutzutage liegen die grössten Produktionsgebiete in den Alpen der Haute Provence - das Plateau von Valensole, das Assetal -, der Haut Vaucluse - die Plateaus von Vaucluse und Sault-, die Drôme - die Baronnies - und das Rhônetal.

Unter dem Überbegriff Lavendel versteht man drei verschiedene Pflanzen: den gewöhnlichen Lavendel, auch feinen Lavendel genannt. Das aus diesem Lavendel hergestellte ätherische Öl ist von ausgezeichneter Qualität. Die Pflanze wird in einer Höhenlage von 800 bis 1300 Metern angebaut, was eine Erklärung für ihre relative Seltenheit ist. Der Grosse Lavendel oder auch Mannslavendel ist eine dem feinen Lavendel sehr ähnliche Sorte. Sein Duft ist intensiv und kampferartig und er wächst in Höhen zwischen 600 und 800 Metern.

Der sogenannte Lavandin ist eine Kreuzung zwischen den beiden oben genannten Arten. Seit 1920 wird er in der Provence immer öfter angebaut, was daran liegen mag, dass er 4 bis 5 Mal ertragreicher ist als die beiden anderen Sorten, was das ätherische Öl angeht, sogar bis zu 10 Mal mehr. Heute sind etwa 80% aller Nutzflächen mit Lavandin bepflanzt.

Lavendel wird im Herbst oder im Frühling gepflanzt, der Boden muss dann ständig geharkt werden, damit er nicht austrocknet. Die Blüte beginnt im Juni und die Ernte setzt mitten im Sommer ein, wenn die Pflanzen alle in Blüte stehen. Früher wurden die Blüten mit einer Sichel geschnitten und danach gebündelt, heutzutage dagegen wird mechanisch geerntet. Die Ernte wird anschliessend getrocknet und gepresst und dann in die Destillerien gebracht. Die Technik zur Herstellung des ätherischen Öls hat sich stark verändert. Früher mischte man die Blumen mit Wasser und destillierte direkt über einem Feuer, später ging man zur Dampfdestillierung über. Seit 1990 gibt es ein neues, besonders bei Lavandin ergiebigeres Verfahren, die Destillierung « en vert broyé ». Dazu wird die Blüte schon beim Schneiden klein gehächselt und direkt in einen Spezialbehälter gefüllt, der dann auf dem

Heizkessel der Destillerie befestigt wird. Das so gewonnene ätherische Öl wird als Rohstoff an die Parfumindustrie geliefert. In den 50er Jahren betrug die Herstellung von ätherischem Lavandinöl 80 Tonnen, heute sind es fast 1000 Tonnen.

Lavendelblüten werden ebenfalls zu Trockenblumensträussen und Duftsäckchen verarbeitet, die man zum Parfümieren in die Schränke legt.

Vor der Trocknung und Destillierung wird der trockene Lavendel geschnitten (links oben) **und zu Sträusssen gebunden** (unten).

Das Land

von Aix

Aix-en-Provence
La Sainte-Baume
Die Abtei von Silvacane

Der berühmte Brunner der Vier Delphine aus dem XVII.
Jahrhundert in Aix-en-Provence (links).
Am Rathausplatz findet ein Blumenmarkt statt.
Das Rathaus stammt aus dem XVII. Jahrhundert (oben).

Das zwischen dem Rhônetal, der Meeresküste und den Alpen liegende Land von Aix stellt das geograhische Zentrum der Provence dar. Die hüglige Region wird von dem beeindruckenden, 1 011 Meter hohen Berg Sainte-Victoire überragt. Der Sainte-Victoire und der Ventoux sind die heiligen Berge der Provence, sie wurden schon von den keltisch-ligurischen Vorfahren angebetet.

Die Dörfer in diesem hügeligen Land stehen oft auf Anhöhen, eine Vorsichtsmassnahme aus dem Mittelalter, als die Zentral-Provence oft das Opfer der Plünderzüge der Sarazenen war. Diese kleinen

ländlichen, stark urbanisierten Gemeinden waren damals sehr stark mit Aix verbunden. In vielen Dörfern standen Schlösser, die der parlamentarischen Noblesse der ehemaligen Hauptstadt der Provence gehörten.

Die schnell fortschreitende Urbanisierung von Aix konnte der Schönheit ihrer Umgebung nichts anhaben. Aus diesem Grund liessen sich zahlreiche Maler wie Paul Cézanne von dieser Landschaft inspirieren, lebten und schufen ihre Werke hier. Aix ist für die Einwohner von Marseille eine Art grüne Lunge und sie kommen öfters über Wochenende hierher. Viele von ihnen träumen im Geheimen davon, der emsigen Meeresmetropole den Rücken zu kehren und sich hier im Grünen niederzulassen ...

Aix-en-Provence

Das ursprüngliche Aix befindet sich auf einem Hügel ganz in der Nähe der heutigen Stadt. Das damalige Oppidum trug den Namen Entremont und war die Hauptstadt des Salyens, der Vereinigung der keltisch-ligurischen Völker zwischen der Rhône und dem Var. Nach der Zerstörung der damals schon recht gut entwickelten Ansiedlung durch die Römer gründete der Konsul Sextius Calvinus im Jahre 122 die Stadt Aquae Sextiae bei einer Quelle, die heute noch betrieben wird.

Aix war der erste lateinische Brückenkopf in Gallien und wurde im I. Jahrhundert vor unserer Zeitrechnung eine römischen Kolonie. Die Stadt entwickelte sich danach rasant und ihr wurde sogar der Status der Hauptstadt der römischen Provinz Narbonna Secunda zuteil. Die grossen Invasionen schadeten der Stadt stark, da die Provence Centrale bis zum Jahr 972, der Vertreibung der Sarazenen, eine gefährliche und instabile Zone war. Langsam ging es danach wieder aufwärts, bis im Jahre 1189 ein positives Ereignis eintrat: der bescheidene Bischofssitz der Provence Centrale mitten im Herzen der Grafschaft wurde zum Lieblingswohnsitz der gräflichen Familie erkoren. Aix hatte somit Arles den Rang als Hauptstadt der Provence abgelaufen und behielt dieses Privileg bis zur Französischen Revolution. Die Besetzung der Grafschaft durch Frankreich erschloss der Stadt zahlreiche andere Privilegien.

Sie wurde zu einer Universitätsstadt und in ihren Mauern hielt man den Justizhof des Provinzparlements und der Provinzverwaltung. Bis zum Ende des Ancien Régime wuchs die Stadt weiter, blühte auf und wurde ständig verschönert. Gute Beispiele dafür sind das ab 1646 erbaute Viertel Mazarin und der berühmte Karossenhof, der heutzutage den Namen Cours Mirabeau trägt. Im XIX. Jahrhundert ging es Aix weniger gut,

da sie ihren Rang als Hauptstadt an Marseille abtreten musste und langsam in Vergessenheit geriet. Die Bahnlinie zum Beispiel wurde erst gar nicht über Aix geführt. Ihr Status als Universitätsstadt und als juristisches und kulturelles Zentrum dagegen blieb weiter bestehen. Seit dem Zweiten Weltkrieg geht es der Stadt erneut besser. Die Geschichte der Kathedrale Saint-Sauveur ist eng mit dem Geschick der Stadt verbunden. Das heutige Bauwerk besteht aus

Die Taufkapelle im Nordostteil der Kathedrale wurde
mehrmals umgebaut. Sie stammt wahrscheinlich aus dem IV.
oder V. Jahrhundert (links). Der Bau der Kathedrale von
Aix-en-Provence wurde im V. Jahrhundert begonnen
und erst im XVIII. Jahrhundert zu Ende geführt.

vielen verschiedenen Teilen, die im Laufe der Jahrhunderte an
das ursprüngliche Bauwerk angebaut wurden. Die heute noch
benutzte frühchristliche Taufkapelle wurde wohl im V. Jahrhundert
erbaut. Die Kirche Notre-Dame entstand im XI. Jahrhundert in der
unmittelbaren Nachbarschaft von Saint-Sauveur. Im XII. Jahrhundert
verband man die beiden Bauwerke durch ein zentrales Kirchenschiff
im romanischen Stil. Auch später wurde noch viel um- und ange-

baut, da der Äpiskopalsitz Aix zur Hauptstadt wurde. Die Kirche
Notre-Dame wurde 1285 umgebaut und das gotische Kirchenschiff
war zwischen dem XIV. und dem XVI. Jahrhundert in Bau, an den
Seitenkapellen wurde sogar bis ins XVIII. Jahrhundert gearbeitet.
Der elegante Kirchturm stammt aus dem Jahre 1323. Die vielen
Teilstücke fügen sich trotzdem zu einem harmonischen Ganzen
zusammen. Die Besucher können hier das berühmte Tryptichon

Das Land von Aix

Aix-en-Provence
La Sainte-Baume
Die Abtei von Silvacane

"Der brennende Dornbusch" bewundern, das König René 1475 beim Maler Nicolas Froment in Auftrag gegeben hatte. Das am Ende des XII. Jahrhunderts erbaute hübsche kleine Kloster ist bescheiden, aber charmant. Nicht weit von der Kathedrale befindet sich der alte Sitz des Erzbischofs. In dem zu einem Theater umgebauten Innenhof dieses Monuments findet seit 1948 das bekannte Lyrikfestival von Aix statt. Ausserdem ist in dem Palais ein Museum für Wandteppiche mit einer Abteilung für Bühnenkunst untergebracht.

Das alte, auf römischen Ruinen errichtete gräfliche Palais wurde nach dem Ende der Unabhängigkeit der Provence zum Sitz des Parlaments der Provence; leider hat es die Französische Revolution nicht überstanden. An seiner Stelle wurde der heutige Justizpalast im neoklassischen Stil errichtet. Das dahinterliegende ehemalige Gefängnis wurde umgebaut und dient heute als Berufungsgericht. Nach Paris ist Aix das grösste Justizzentrum von ganz Frankreich. Das Viertel Mazarin wurde auf Betreiben des Erzbischofs von Aix namens Michel Mazarin, einem Bruder des Ministers, angelegt. Die parlamentarische Noblesse von Aix liess sich in dem Viertel mit geometrischem Grundriss prächtige Stadtvillen bauen. Der Place des Quatre-Dauphins stellt das Zentrum des Viertels dar. Er ist mit einem Brunnen geschmückt, dem er seinen Namen verdankt. Am Ende der Rue Cardinale im Westen steht die gotische Kirche Saint-Jean de Malte, in der die Überreste der letzten Grafen der Provence aus dem Hause Barzelona ruhen. Im Norden trennt der elegante platanenbestandene Cours Mirabeau mit seinen moosbewachsenen Brunnen das Viertel Mazarin von der Altstadt. Auf der südlichen Seite des Platzes stehen hochelegante Stadtvillen, auf der nördlichen Geschäfte und Cafés. Im XIX. Jahrhundert wurden zwei Statuen des Königs René (1823) und

Der Ruf der Calissons d'Aix geht weit über
die Stadtgrenzen hinaus (oben).
Die Cafés am Cours Mirabeau sind ganz typisch
für Aix-en-Provence (unten).
Am Eingang des Pavillon Vendôme, in dem das Ambiente-
Museum untergebracht ist, stehen zwei Atlanten.

ein riesiger Springbrunnen (1860) aufgestellt, der damals den Eingang der Stadt markierte.

Das Museum Granet ist in der ehemaligen Kommanderie des Malteserordens aus dem XVII. Jahrhundert in der Nähe der Kirche Saint-Jean-de-Malte untergebracht. Es ist eines der schönsten Museen für Malerei in Frankreich und kann mit Bildern von Cézanne aufwarten. Die Sammlungen wurden kürzlich wieder um 71 Werke bereichert, die ein grosser Mäzen dem französischen Staat vermacht hat, Cézanne, Chardin, Giacometti, Picasso, Nicolas de Staël... Die archäologische Abteilung enthält Fundstücke aus der keltisch-ligurischen Grabungsstätte Entremont.

Es gibt in Aix noch viele andere Museen, die einen Besuch wert sind. Das der Geschichte der ehemaligen provenzalischen Hauptstadt gewidmete Museum von Alt-Aix ist in einer Stadtvilla untergebracht. Das im Besitz der Akademie von Aix befindliche Museum Arbaud macht der Öffentlichkeit die Sammlungen und die Bibliothek des Gelehrten Paul Arbaud und seine prachtvollen provenzalischen Fayencen zugänglich. Das Atelier von Cézanne, in dem er die letzten vier Jahre seines Lebens gearbeitet hat, liegt in der gleichnamigen Strasse und kann besichtigt werden. Es war die Zuflucht des Künstlers, sein Ort der Sammlung und des Schaffens. Bei schönem Wetter ging er zum Malen nach draussen, bei schlechtem Wetter jedoch konnte er tagelang in seinem Atelier bleiben und Stilleben von den umherliegenden Objekten anfertigen. Hier wurden Dutzende von seinen Werken geschaffen, darunter seine letzten Bilder aus der Serie "Die Badenden".

Von Sainte-Baume aus kann man von den Alpen bis zum Ventoux, Sainte-Victoire und dem Meer sehen (rechts). Der Name der Abtei Silvacane kommt aus dem Lateinischen. Silva Cana bedeutet "Schilfwald", was auf ihre Lage am Ufer der Durance hinweist (links).

Die Sainte-Baume

Das Massiv Sainte-Baume liegt an der Grenze der heutigen Departements Var und Bouches-du-Rhône, zwischen Marseille und Brignoles. Es handelt sich dabei um einen etwa 1000 Meter hohen und 12 Kilometer langen Felskamm hoch über dem Plateau von Aups. Auf diesem Plateau steht ein 138 Hektar grosser Wald, in dem für die Provence äusserst seltene Baumarten wachsen, man kann fast von einem "botanischen Wunder" sprechen. Die Erklärung für dieses Phänomens ist eine Felswand im Süden des Waldes, die ein Mikroklima schafft.

Die Grotte selbst, deren Namen aus dem provenzalischen Santo Baumo, heilige Grotte kommt, liegt am Fusse einer 886 Meter hohen Felswand. Der Legende nach hat Maria Madgalena nach ihrer Ankunft an der Küste der Provence hier Zuflucht gefunden und 30 Jahre lang an diesem Ort gelebt. Gestorben sei sie in Saint-Maximin. Die Grotte wurde später von Eremiten bewohnt, dann gründete die Abtei Saint-Victor aus Marseille hier eine Priorei, die von den Sarazenen zerstört wurde. Nachdem die Reliquien der Heiligen in Saint-Maximin gefunden waren worden, wurde Sainte-Baume zu einem berühmten Pilgerort, was die Gründung eines neuen Klosters nach sich zog. Nach der Französischen Revolution liessen sich Dominikanermönche in einem Gebäude weiter unten in der Ebene nieder. Die Grotte, zu der man zu Fuss gelangen kann, wurde zu einer Kirche umgebaut. Eine Quelle spendete den Eremiten Wasser. Der Saint-Pilon, eine Felsspitze, liegt ganz in der Nähe. Es heisst, dass Maria Magdalena hier oft in Trance verfiel und mit dem Himmel in Verbindung trat. Eine kleine Kapelle erinnert an dieses Wunder. Am Fuss der Felswand liegt ein altes, von Nonnen bewohntes Kloster aus dem XIX. Jahrhundert.

Die Abtei von Silvacane

Am linken Ufer der Durance liegt die Abtei von Silvacane, eine der "drei zisterziensischen Schwestern der Provence" (Sénanque, Thoronet und Silvacane). Das Kloster wurde im XI. Jahrhundert von Mönchen aus der Abtei Saint-Victor in Marseille gegründet. Die Abtei wurde erst finanziell stark unterstützt und vergrösserte sich schnell, dann ging es jedoch bergab mit ihr und sie wurde im XVI. Jahrhundert schliesslich säkularisiert und zu einer einfachen Gemeindekirche gemacht. Sie wurde von den Waadtländern des Luberon und bei der Französischen Revolution beschädigt. Als man sich um 1846 herum für die romanische Kunst zu interessieren begann, kaufte der Staat die Abtei auf und seitdem werden in Silvacane ständig Renovierungsarbeiten vorgenommen. Die zwischen 1175 und 1230 erbaute Kirche ist im typischen schlichten Stil der provenzalischen Zisterzienserarchitektur gehalten. Das Gotteshaus ist mit dem Schlafsaal und dem Refektorium verbunden, was das Leben der Mönche vereinfachte. Das unterhalb der Kirche gelegene Kloster stammt aus einer späteren Epoche und sein romanischer Stil ist schon von der Gotik beeinflusst. Um den Bau herum liegen die Wandelhalle und der Schlafsaal, das Sprechzimmer der Mönche und das Refektorium. Manche Teile der Abtei wurden bei der Auflösung der Klostergemeinschaft zerstört.

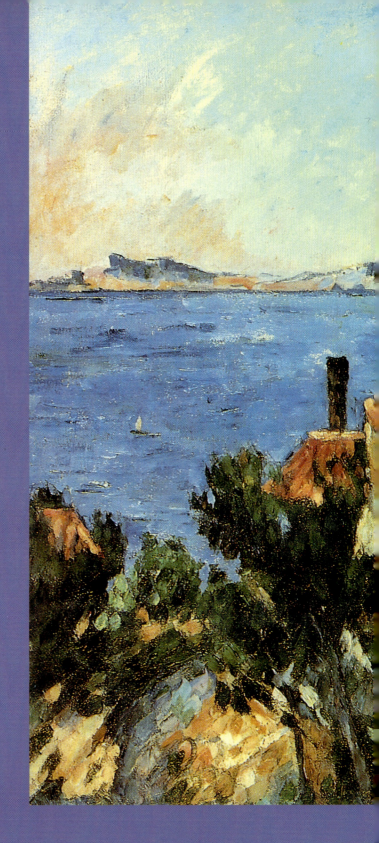

Die Maler

vor

Van Gogh bis zu Picasso

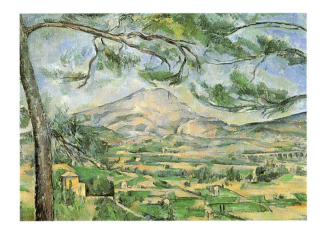

Der Berg Sainte-
Victoire (links),
gemalt von
Cézanne (oben).
Das Atelier
des Künstlers
aus der Gegend
von Aix kann
besichtigt werden
(nebenstehend).

In der Provence leben seit vielen Jahrhunderten Maler, zum Beispiel die Dynastie Van Loo, die Maler Parrocel, Vernet und Mignard aus Avignon, Antoine Raspal und Jacques Réattu aus Arles und François-Marius Granet aus Aix. Die ehemalige Grafschaft zog besonders im XIX. Jahrhundert Künstler an, die die Schönheit der Landschaft und das ideale Licht zu schätzen wussten.

Félix Ziem war der erste in Paris ausgebildete Maler des XIX. Jahrhundert, der später die Provence entdeckte. 1840 richtete er sich in Marseille ein und 1860 zog er nach Martigues. In diesem Jahr schrieb er an seinen Kollegen Théodore Rousseau: "Dieses Land steht Griechenland in punkto Schönheit um nichts nach, und ich liebe, wie Sie wissen, Griechenland leidenschaftlich." Ziem

malte viele Bilder mit orientalischen Motiven, die er einfach in die Landschaft der Provence versetzte.

Ab 1883 hielt sich Claude Monet mit Renoir an der provenzalischen Küste auf. Letztere fand, dass sein Freund "von morgens bis abends die Schönheiten dieser Landschaft bestaunte". Monet hatte geglaubt, dass er die Gegend nicht mögen werde. Er kam noch oft zurück, zum Beispiel zwischen Januar und März 1888 nach Juan-les-Pins und Antibes. Das Bild "Die zehn Seeleute von Antibes", die er bei seiner Rückkehr nach Paris ausstellte, führten den Künstlern in der Hauptstadt zum ersten Mal die Schönheiten der Provence vor Augen. Van Gogh trug sich schon seit 1886 mit der Absicht, in die Provence zu kommen, die er "das Land der Blautöne und der fröhlichen

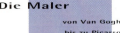

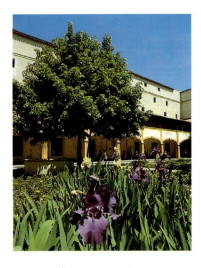

Farben" nannte. 1888 führte er sein Vorhaben schliesslich aus und kam am 20. Februar in Arles an, wo er bis zum Mai des folgenden Jahres blieb. Vom 30. Mai bis zum 2. Juni 1888 hielt er sich in Saintes-Maries auf. Die strahlenden Farben der Provence beeindruckten den Mann des Nordens bis an sein Lebensende und er blieb noch ein weiteres Jahr in Saint-Remy-de-Provence. Im Land von Arles entstand der grösste Teil seiner Werke und seine berühmtesten Bilder. Van Gogh hatte Paul Gauguin herbeigerufen, um mit ihm zusammen in Arles ein Künstlerheim namens "Atelier der Zukunft" zu gründen. Gauguin malte hier vierzehn Bilder.

Paul Cézanne stammte aus der Provence, genauer gesagt aus Aix. Er war mit seinem Freund Zola nach Paris gegangen, fand aber die wahre Inspiration erst nach der Rückkehr in seine Geburtsstadt. Anders als die Künstler aus dem Norden malte er die Orte seiner Region, ohne von dem hiesigen Licht besonders beeindruckt zu sein. Die berühmten Maler lockten andere Maler in die Provence, die als erste "Touristen" die touristische Provence und ihre Schätze entdeckten. Renoir , der von Cézanne eingeladen worden war, malte den kleinen Hafen Estaque von Marseille im Jahre 1882. Auch andere grosse Namen wie Marquet, Dufy, Derain, Matisse und Braque malten dasselbe Motiv. Paul Signac machte ab 1892 Saint-Tropez

berühmt. Auf den Spuren von Van Gogh hat Saint-Remy-de-Provence vor nicht allzu langer Zeit Künstler wie André Hambourg inspiriert. Yves Braye liess sich in Baux nieder und Mario Prassinos in Eygalières, während sich Nicolas de Staël den Luberon als Wohnort ausgesucht

**Mit dem Espace Van Gogh
ehrt die Stadt Arles den
Künstler** (links).
*Ansicht von Arles mit Iris
im Vordergrund* (1888)
Von Vincent Van Gogh
(nebenstehend).

hatte. Bernard Buffet lebte eine Zeitlang in der Umgebung von Aix und ging dann in den Var. Nicht zu vergessen ist natürlich Picasso, der sein ganzes Leben in der Provence verbrachte und in seinem Schloss Vauvenargues bei Aix begraben liegt.

Die vielen zugereisten Maler beeinflussten natürlich auch die Maler vor Ort, die die provenzalische Schule gründeten, welche von den Kritikern und den Sammlern immer mehr Anerkennung erfährt.

Das Land

von Pagnol

Martigues

Marseille

Aubagne

Cassis und die Calanques

Das Land von Pagnol

Martigues
Marseille
Aubagne
Cassis und
die Calanques

Am Quai Brescon stehen vielfarbige Häuser und
Fischerboote - es geht bunt zu (rechts).
Martigues trägt den Namen Kleinvenedig zurecht (oben).

Das Gebiet von Marseille ist sehr dicht besiedelt. Hier leben
mehr als eine Million Einwohner, die Stadt platzt aus allen Nähten
und breitet sich auf die umliegenden Hügel und niedrigen Berge
aus. Die benachbarten Dörfer und Städtchen wurden schon von
der Stadt verschluckt. Die charmante Stadt Marseille liegt mitten in
dieser sich wild nach allen Seiten ausbreitenden Megapolis. Die alte
Phönizierstadt hat nur noch wenige grosse Monumente und alte
Viertel. Schon immer wurde das architekturale Erbe dem Geschäft
geopfert und das wird sich wohl auch nicht ändern. Aber Marseille
hat andere interessante Seiten. Die Stadt ist ein Brückenkopf zum
Orient und es herrscht eine unbändige Geschäftigkeit. Die Einwohner
sind ganz verschiedener Herkunft, sie kommen aus dem gesamten
Mittelmeerbecken und leben ziemlich friedlich und problemlos
neben- und miteinander. Es gibt eine volkstümliche Kultur hier in
Marseille, die ein Ergebnis der jahrhundertelangen Mischung verschiedener Bevölkerungsgruppen ist.

Martigues

Die Stadt liegt strategisch äusserst günstig und war schon zur
Zeit der Gallier bewohnt. Sie liegt auf einer Insel am Eingang des Kanals
zwischen dem Meer und dem Étang de Berre. Das heutige Martigues
wurde 1581 gegründet. Dazu schlossen sich die drei bis dahin unab-
hängigen Gemeinden Ferrières, Jonquières und Ile zusammen. Die
neu entstandene Gemeinde wurde durch Fischerei, Hafenbetrieb und
Schiffswerften reich. Martigues konnte sich bis in die 60er Jahre

dieses Jahrhunderts nicht von der grossen Pest im Jahre 1720 erholen, die die Stadt in kurzer Zeit entvölkert hatte. Seit dem Bau des autonomen Hafens von Marseille Fos entwickelte sich die Stadt rasch. Heute ist das von Pinien umgebene ehemalige Fischerdorf eine grosse Stadt, ein wahres Betonmeer. Das Alte Martigues liegt zwischen dem Meer und dem Kanal und ist in drei verschiedene jahrhundertealte Viertel aufgeteilt. Es trägt seinen Namen Venedig der Provence zu Recht. Das Viertel Ile liegt im Herzen der Stadt. Die vor Kurzem restau-

rierte Kirche Madeleine ist in reichhaltig verziertem Barockstil gehalten. Ganz in der Nähe liegt das Quai Brescon, Le Miroir aux Oiseaux genannt, mit seinen typischen bunten Fischerhäuschen und kleinen Booten. Im Viertel Ferrières befindet sich das Ziem-Museum, das in einer ehemaligen Zollkaserne untergebracht ist. Das Museum wurde 1908 gegründet, als der Maler Félix Ziem der Stadt sein Erbe vermachte. Man findet hier eine Sammlung provenzalischer Malereien sowie archäologische Fundstücke.

Das Land von Pagnol

Martigues
Marseille
Aubagne
Cassis und
die Calanques

Marseille

Marseille ist bekanntlich eine der ältesten Städte Frankreichs. Ihre Geschichte ist eng mit dem Mittelmeer verbunden. Der Legende nach soll Massalia nach der Eheschliessung eines phönizischen Seemanns mit der Tochter eines Häuptlings in einer tiefen, sehr geschützten Bucht gegründet worden sein. Man kann sagen, dass die Stadt der Provence buchstäblich den Rücken zukehrte und nur unter Vorbehalt als provenzalisch zu bezeichnen war. Es ist eine kosmopolitische Hafenstadt, der Meer und Handel immer schon über alles gegangen sind. Aus diesem Grund gibt es in dieser uralten Stadt so wenige alte Monumente - sie waren eines nach dem anderen im Namen der Rentabilität einfach abgerissen worden. Schon in der Antike begann die Phönizierstadt, eine maritime Politik zu betreiben, die es ihr erlaubte, Handelsniederlassungen an der Küste und sogar im Landesinneren zu schaffen. Aber ein politischer Fehler sollte sie teuer zu stehen kommen: sie hatte sich gegen Julius Cäsar für Pompei entschieden, deshalb führte letzterer eine Strafexpedition gegen Marseille und begünstigte Arles. Im Mittelalter wurde die Stadt wieder reich und blieb es auch bis in die 60er Jahre. Marseille war nun ein wichtiger Finanz- und Geschäftsplatz, deshalb stand es der Besetzung der Provence durch Frankreich geneigt gegenüber, machte sie doch dieser Umstand zu dem grössten Hafen des Königreiches. Die Stadt erhielt das Monopol des Orienthandels. Ludwig XIV. bestrafte zwar die aufsässige Stadt, verlieh ihr aber dennoch den Status eines Freihafens. Die Kolonisierung im XIX. Jahrhundert war für Marseille ein Glücksfall. Das "Tor zum Orient" nahm alle für Frankreich bestimmten Waren aus Afrika und Asien in Empfang. Die reichen Händlerfamilien gründeten Industriebetriebe zur Verarbeitung der frisch eingetroffenen

Der Alte Hafen von Marseille mit seiner Kirche Notre-Dame-de-la-Garde ist heute ein Yachthafen (links), **aber der Fischfang wird trotzdem nicht vernachlässigt** (unten).

Rohstoffe wie Zucker, Öle, Seifen und Schokolade. Der Alte Hafen wurde schnell zu klein und im Norden der Stadt entstanden neue Hafenanlagen. Der Zusammenbruch des Kolonialreiches läutete das Ende des jahrhundertealten Reichtums ein und selbst der Komplex von Fos konnte die wirtschaftliche Dynamik von Marseille nicht wieder aufbauen. Seit den 60er Jahren muss die Stadt mit

Das Land von Pagnol

Martigues
Marseille
Aubagne
Cassis und
die Calanques

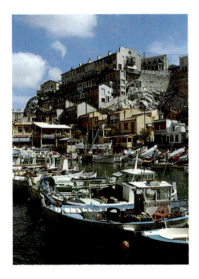

Das Viertel Panier in der Altstadt von Marseille war einst von
Fischern und Händlern bewohnt (rechts). Das Petanquespiel
ist der Lieblingssport der Einwohner von Marseille (oben).
Das zwischen der Uferstrasse und dem Alten Hafen gelegene
Vallon des Auffes ist ein kleiner volkstümlicher Fischerhafen
geblieben (unten).

Arbeitslosigkeit und Urbanisierungsproblemen fertig werden, ver-
liert aber nie ihren Mut und Optimismus. Ihr wachsender kultu-
reller Einfluss zeigt deutlich, dass Marseille nicht aufgibt und die
Hoffnung auf bessere Tage nicht erlöschen lässt. Marseille liegt
in einem ebenen Gebiet an der Küste inmitten eines Amphitheater
aus Hügeln und Bergen. Der Kontrast zwischen dem Meer und
den Bergen ist atemberaubend. Eine derartige Landschaft hat natürlich viele Maler inspiriert. Besonders das Hafenviertel von Estaque
hatte es den Künstlern angetan. Die geographischen Lage der antiken Stadt erklärt teilweise, warum es so wenige grosse alte

Bauwerke und Monumente gibt: der Baugrund ist begrenzt und
somit teuer. Über das Stadtzentrum wacht das 162 Meter hohe
Massiv de la Garde, auf dessen Spitze der für die Ansicht von
Marseille so typische Kirchturm von Notre-Dame de la Garde steht.
Das Hafenbecken des Vieux-Port ist das Herz der Stadt und das im
XVII. Jahrhundert erbaute Rathaus der Ausgangspunkt, um den
herum sich Marseille seit der Antike ausbreitet. Leider wurde der
grösste Teil des historischen Zentrums im Zweiten Weltkrieg in die
Luft gejagt und die Neubauten sind nicht sehr orginell. Das alte
Marseille der Seeleute und Fischer lebt in dem pittoresken Viertel

Panier weiter, das gerade restauriert wird. Hier steht das monumentale Bauwerk Vieille Charité aus dem XVII. Jahrhundert, in dem damals die Bettler untergebracht wurden. Es ist wunderschön restauriert. Heutzutage sind hier das Museum für Archäologie im Mittelmeerraum und das Museum für Afrikanische und Ozeanische Kunst untergebracht. Die unter der Herrschaft von Ludwig XIV. erbaute klassische Stadt wurde ebenfalls total verunstaltet. Die Canebière zerteilt die Stadt in zwei ganz verschiedenartige Teile: der Nordteil ist volkstümlich und industriell, der Südteil dagegen ein elegantes Wohngebiet. Die Kathedrale Vieille

Major, ein uraltes Gotteshaus, war einst eines der schönsten romanischen Bauwerke der Provence. Unter dem Second Empire wurde sie unglücklicherweise eines Gutteils ihres ursprünglichen Volumens beraubt, als direkt neben ihr die riesige heutige Kathedrale in plumpen romanisch-byzantinischen Stil, so ähnlich wie Notre-Dame-de-la-Garde, gebaut wurde.

Das grösste Monument der Stadt ist die Basilika Saint-Victor am anderen Ende des Alten Hafens. Es handelt sich um das Gotteshaus einer alten Abtei aus dem V. Jahrhundert, die auf einer dem Märtyrer Victor geweihten Katakombe steht. Das Kloster war eines der

grössten in der ganzen Provence. Die Klostergebäude sind zwar nach der Französischen Revolution abgerissen worden, die alte Abteikirche, die grösstenteils aus dem XIII. Jahrhundert stammt, ist aber einen Umweg wert. Die Krypta versetzt den Besucher zurück in die Anfangszeiten der Christenheit in Europa. Sie stammt aus dem V. Jahrhundert und ist von Krypten aus dem XII. Jahrhundert umgeben. Der Gesamtkomplex wurde im XVIII. Jahrhundert umgebaut. Der älteste Teil der Anlage ist die Kapelle Notre-Dame de

Confession, die früher allein an einem Felsen stand. Sie besitzt eine bekannte Statue der Schwarzen Jungfrau. Das Konfessional von Saint-Lazare, die Katakomben und die Kapelle Saint-André - auch Atrium genannt - stammen teilweise aus der frühchristlichen Zeit.

Die Basilika Notre-Dame de la Garde ist das Symbol von Marseille. Das Gotteshaus wurde auf den Fundamenten einer Festung erbaut, von der aus man die Küste überwachen konnte. Schon die Festung

Das Land von Pagnol

Martigues
Marseille
Aubagne
Cassis und
die Calanques

Das zum Schutz von
Marseille erbaute Schloss
von If wurde wurde dann
später zum Gefängnis
umfunktioniert.
Alexandre Dumas hat
es mit seinem Roman
Der Graf von Monte-Cristo
berühmt gemacht (links).
Der Rundweg Marcel
Pagnol führt durch das
Hinterland von Aubagne
(rechts).

verfügte über eine Marienkapelle. Das heutige Bauwerk, im damals sehr beliebten romanisch-byzantinischen Stil gehalten, wurde zwischen 1853 und 1899 errichtet. Auf dem Kirchturm steht eine monumentale Marienstatue aus den Ateliers Christofle, die typisch ist für die Ansicht von Marseille.

In der Stadt gibt es zahlreiche interessante Museen. Das Museum der Geschichte Marseilles ist im Einkaufszentrum Bourse untergebracht und lässt die Geschichte der Stadt an den Besuchern vorbeiziehen. Das Museum du Vieux Marseille liegt hinter dem Rathaus in einer Stadtvilla mit dem Namen Maison Diamantée. Hier findet man die Souvenirs des Lebens von früher. Die Museen Grobet-Labadié und Cantini tragen die Namen ihrer Gründer und verfügen über reiche Sammlungen - Bilder, Möbel, Fayencen... Im Palais Longchamp, einem Bauwerk aus dem XIX. Jahrhundert, sind das Museum der Schönen Künste und das Naturgeschichte-Museum untergebracht. Vor kurzem wurde die Villa Pastré, eine Bastide, in ein interessantes Fayence-Museum umgebaut. Die ehemalige Handelskammer wurde zum Marine-Museum umfunktioniert, das der Geschichte der Hafenstadt gewidmet ist.

Aubagne

Dieses Städtchen lebte früher von Landwirtschaft und Handwerk. Hier findet man Tonerde und deshalb wurden schon immer Dachziegel, Töpferwaren und Fliesen hergestellt. Berühmt geworden ist Aubagne mit der Herstellung von Krippenfiguren, sogenannten Santons. Heute ist die Stadt ein industrieller Vorort von Marseille. Der Schriftsteller und Filmemacher Marcel Pagnol (1895-1974) wurde hier geboren.

Die Altstadt ist typisch provenzalisch mit ihren schmalen Strässchen und vielen Kirchen. Machen Sie einen Spaziergang und folgen Sie Marcel Pagnol. Vom Geburtshaus des Schriftstellers aus - 16, Cours Barthélemy - kann man viele Orte besuchen, an denen Szenen aus seinen Filmen gedreht wurden. Gehen Sie zur Bastide Neuve, in der der junge Marcel seine in "Souvenirs d'Enfance" beschriebenen Ferien verbrachte und ins Dorf La Treille, wo Pagnol begraben liegt. Die Ausstellung "Le Petit Monde de Marcel Pagnol" wurde 1974 von den Herstellern von Santons in Aubagne geschaffen und zeigt die mit Santonpuppen nachgebaute Welt des Schriftstellers. Sie kann von Mai bis November besichtigt werden.

Das Land von Pagnol

Martigues
Marseille
Aubagne
Cassis und
die Calanques

Cassis und die Calanques

Cassis wird durch die sogenannten Calanques von Marseille getrennt. Der Schriftsteller Frédéric Mistral hat die Stadt mit den Abenteuern seiner Figur Calendal, einem jungen Fischer aus Cassis, berühmt gemacht. Das Dorf hat einen Hafen und liegt in einem bekannten Weinanbaugebiet. Hier verbringen viele Leute die Sommermonate, fast wie in der benachbarten Côte d'Azur. Über der Stadt steht das im XIII. Jahrhundert erbaute Schloss der Prinzen von Baux. Es handelt sich um Privateigentum, das nicht besichtigt werden kann. Der kleine umtriebige Hafen bekam erst vor kurzem seine im Zweiten Weltkrieg zerstörte Statue von Calendal zurück. Das schön eingerichtete Rathaus ist in einer Stadtvilla aus dem XVII. Jahrhundert untergebracht. Im Fremdenverkehrsbüro befindet sich ein kleines Museum für Volkskunst und Volksbrauchtum.

Zwischen Marseille und Cassis liegen sechzehn Kilometer Felsstrand mit zahlreichen Buchten, den sogenannten Calanques - Callelongue, Sormiou, Morgiou, Sugiton, l'Eissadon, l'Oule, En Vau, Port-Pin, Port-Miou. Es ist eine wunderschöne unberührte Küste, und die Einwohner von Marseille haben in den geschützten und schattigen Buchten kleine Hütten gebaut. Der Gegensatz zwischen dem tiefblauen Meer, den Felsen und den Pinien, aber auch der Kontrast zwischen der ganz nahen Stadt und der intakten Natur tragen zum Zauber dieses Ortes bei. Bis 1991 war das Schicksal dieser Region nicht sicher, sowohl die Industrie als auch die Immobilienmarkt hatten ein Auge auf ihn geworfen. Schliesslich wurde die Zone zum Naturschutzgebiet erklärt - zur grossen Freude der Einwohner von Marseille sowie der Spaziergänger und Besucher. Auf der Kammstrasse schweift der Blick bis zum Cap Canaille, das 400 Meter hoch über dem Meer liegt. Das Panorama reicht von der Bucht von Cassis bis zum Massiv der Calanques.

Die Calanques, ein 20 Kilometer langer Küstenstreifen am Mittelmeer (links).
Der kleine charmante Hafen von Cassis wird heute von Freizeitkapitänen angesteuert (rechts).

Weine

Von Châteauneuf-
du-Pape bis Cassis

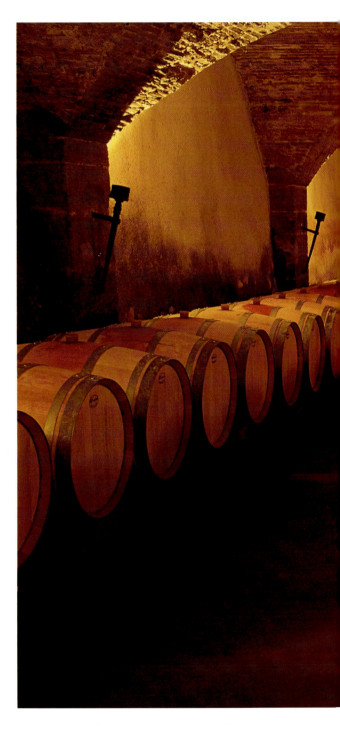

**Der Wein Châteauneuf-du-Pape reift in einem Keller,
bis er in Flaschen abgefüllt wird** (rechts).
**Die Flasche des Châteauneuf-du-Pape trägt das Wappen
der Päpste** (oben).

Es heisst, die Phönizier hätten die Weinrebe in der Provence heimisch gemacht, als sie Marseille gründeten. Wenn diese Annahme stimmt, wurde in der Provence der erste Wein in ganz Gallien angebaut. Es scheint tatsächlich so zu sein, dass die Weinrebe ihren Siegeszug in der Römerzeit vom Rhônetal aus angetreten hat. Schon im Mittelalter wurde der Wein aus der Provence gelobt. Die Königin von England Éléonore de Provence - die Tochter des Grafen Raymond-Béranger V. - soll provenzalische Weine am Hof von London eingeführt haben. Die Päpste von Avignon waren es, die den berühmten Châteauneuf-du-Pape als erste getrunken haben und der König René war ein grosser Liebhaber der Weine aus dem Arctal, dem Meyreuiltal und dem Tholonettal. Die Marquise de Sévigné brachte ihren Freunden in Versailles provenzalische Weine

mit, die sie in ihren Briefen als "einfach köstlich" bezeichnete - wie man sieht, hat der provenzalische Wein eine reiche Vergangenheit und illustre Fürsprecher. Es scheint jedoch, dass die örtlichen Weinberge in früheren Zeiten nur einen Nebenerwerb darstellten und hauptsächlich für den persönlichen Verbrauch der Bauern produziert wurde.

Ab dem XIX. Jahrhundert entwickelte sich der Weinanbau in der Provence. Die Reblausepidemie bedrohte den Weinanbau in der Provence ernsthaft; der Parasit breitete sich von den Bouches-du-Rhône nach ganz Frankreich aus. Im Departement Var zum Beispiel schrumpfte die Weinanbaufläche von 75 000 Hektar auf 23 500. Aber diese Krise hatte auch eine gute Seite: sie gab den Anstoss zu einer Weiterentwicklung des regionalen Weinanbaus. In der Camargue wurden die niedrigliegenden Gebiete bewässert und mit Weinreben bepflanzt, die aber eine nur mittelmässige Qualität hervorbrachten. So lief das fast überall - die Weinbauern pflanzten Rebsorten, die Menge und nicht unbedingt Qualität produzierten. Solange sich der mittelmässige Wein anstandslos ver-

Der Weinberg Gigondas liegt am Fusse der Felszacken von Montmirail (rechts). **In der Provence wird die Landschaft oft von der harmonischen Geometrie der in Reihen gepflanzten Weinstöcke beherrscht** (links).

kaufte, machten die Weinbauern gute Geschäfte, aber die provenzalische Produktion musste mit der Konkurrenz aus Algerien oder anderen Gegenden Frankreichs wie dem Languedoc rechnen. Die kleinen Weinbauern der Provence schlossen sich zu landwirtschaftlichen Genossenschaften zusammen, was es ihnen erlaubte, ihre Kleinbetriebe rentabel zu betreiben. Noch heute ist das Genossenschaftssystem äusserst beliebt: 90% der Weinbauern sind Mitglieder in einer der 174 Genossenschaftskellereien.

Als sich mittelmässiger Wein immer schlechter verkaufte, wurde die Qualität wieder zu einem wichtigen Verkaufsargument. 1935 wurde das Comité National des Appellations d'Origine gegründet. Sein Ziel war es, die grossen französischen Weine zu schützen, indem man ihre Anbauzone und ihre Herstellungsmerkmale festschrieb und nachprüfte. Anfangs bekamen nur die besten Weine eine kontrollierte Herkunftsbezeichnung, zum Beispiel die Provence-Weine Châteauneuf-du-Pape, Cassis, Bandol und La Palette. Aber das AOC-System wurde immer populärer. 1985 bekamen die Weine des Côteaux d'Aix eine AOC. Ihr Anbaugebiet reicht bis in die

Alpilles. In den 90er Jahren wurde dem westlichen Teil dieses Gebiets eine weitere Herkunftsbezeichnung zuerkannt, nämlich Côteau des Baux. Heute verfügen 63 % der Weinproduktion in der Provence über eine kontrollierte Herkunftsbezeichnung.

Es gibt eine grosse Vielfalt an provenzalischen Weinen. Die Palette reicht von schweren, mundigen Rotweinen wie die Côtes-du-Rhône - Gigondas und Châteauneuf-du-Pape -, über die berühmten leichten Roséweinen Côtes de Provence bis hin zu Weissweinen aus Cassis. Die hauptsächlich angebauten Rebsorten sind Grenache (35 %), Cinsaut, Carignan und Syrah - die traditionelle Rebsorte an den Hängen der Rhône. Auch Mourvèdre und Tibouren werden gepflanzt und vor Kurzem wurden andere Sorten wie zum Beispiel Cabernet-Sauvignon eingeführt. Die in den Vereinigten Staaten losgetretene Mode der Cépage-Weine erreicht langsam die Provence, besonders bei Landweinen ohne kontrollierte Herkunftsbezeichnung. Diese Entwicklung beweist, dass die provenzalischen Weinbauern mit ihrer Zeit gehen und ihre Produkte ständig weiterentwickeln und verbessern.

Photos von

© **Campagne Campagne:** P. Blondel, Seite 56. Cantin, Seiten 04, 125. Colomb, Seiten 06, 58, 119. Gouilloux, Seite 76. N. Lejeune, Seite 64 unten. A. Lightstein, Seite 88. Panais, Seite 35 droite. D. Schneider, Seite 77.

© **Explorer:** L. Giraudou, Seite 16. P. Wysocki, Seite 100.

© **Hoaqui:** P. Bertrand, Seiten 10, 91. J. Hagenmuller, Seite 74. O. Jardon, Seiten 23, 120. F. Jourdan, Seiten 64 *, 65. G. Martin-Raget, Seiten 32, 54, 55, 101. B. Redares, Seiten 84, 85, 87. Renaudeau, Seite 83. D. Reperant, Seiten 59, 68. Rimbold, Seite 22. Serena, Seite 49. N. Thibaut, Seiten 17, 37, 69. M. Troncis, Seite 60. C. Vaisse, Seite 19. C. Valentin, Seite 24. B. Wolf, Seite 98 unten. D. Zintzmeyer, Seite 61, 117.

© **Marceau Presse:** F. Jallin, Seiten 21, 28, 29, 78, 114, 115. D. Sampers, Seite 121.

© **B. Pambour:** B. Pambour, Seiten 33, 34, 35 gauche, 36, 44, 47, 48, 122, 124, 126.

© **Scope:** P. Blondel, Seite 70. JC. Gesquière, Seite 86. E. Gorgeon, Seiten 80, 104, 118. J. Guillard, Seiten 20, 27, 41, 51 oben, 52, 40, 54, 69, 72, 92, 95, 99, 105, 108, 112. N. Hautemanière, Seiten 38, 39, 45, 50, 68, 98, 106. Huitel, Seite 46. N. Pasquel, Seite 42. G. Simon, Seite 11.

© **Terre du Sud:** P. Giraud, Seiten 8, 13, 14 oben, 14 unten, 15, 30, 114.

© **Wallis:** Constant, Seite 27. C. Duranti, Seiten 12, 63, 72. Ph. Leroux, Seite 81. Leyreloup, Seiten 66, 79, 111. F. Pauvarel, Seite 82. C. Moirenc, Seiten 26, 62, 71, 96, 97, 110, 113 oben und unten. T. Rostang, Seite 116. E. Raz, Seite 51 unten.

© 2001 Éditions Hazan

Ausarbeitung: Marceau Presse, 3 rue de Provence, 75009 Paris

Verlegerische Koordinierung: Sophie Picon

Layout und Infographie: Thierry Renard

Sekretariat des Verlegers: Janine Goulhot

Übersetzung: LTA

Photogravur: graphique productions, Chambéry

Gedruckt von Rotolito Lombarda, Pioltello

ISBN: 2 85025 769 9

Hinterlegung: April 2001